Wen der Himmel retten will,
dem schenkt er Liebe

Wen der Himmel retten will, dem schenkt er Liebe

Fernöstliche Weisheit von Buddha, Konfuzius und Laotse

Ausgewählt von
Mareike von Landsberg

Anaconda

Die Deutsche Nationalbibliothek verzeichnet diese Publikation
in der Deutschen Nationalbibliografie; detaillierte bibliografische
Daten sind im Internet unter http://dnb.d-nb.de abrufbar.

Umschlagmotiv aus: *Treasury of Fantastic and Mythological
Creatures*, Mineola: Dover Publications 1982
Umschlaggestaltung: www.katjaholst.de
Satz und Layout: Roland Poferl Print-Design, Köln
Printed in Czech Republic 2019
ISBN 978-3-7306-0791-6
www.anacondaverlag.de
info@anacondaverlag.de

INHALT

DIE TAOISTEN: LAOTSE UND DSCHUANG DSI

KONFUZIUS

BUDDHA

DIE TAOISTEN: LAOTSE UND DSCHUANG DSI

DAS WESEN DES TAO

Das ist der Sinn*: Er ist gütig und treu, aber er äußert sich nicht in Handlungen und hat keine äußere Gestalt; man kann ihn mitteilen, aber man kann ihn nicht fassen; man kann ihn erlangen, aber man kann ihn nicht sehen; er ist unerzeugt sich selber Wurzel. Ehe Himmel und Erde waren, bestand er von Ewigkeit; Geistern und Göttern verleiht er den Geist; Himmel und Erde hat er erzeugt. Er war vor aller Zeit und ist nicht hoch; er ist jenseits alles Raumes und ist nicht tief; er ging der Entstehung von Himmel

---

* Die Bezeichnung ›Sinn‹ bezeichnet hier und im Folgenden (nach der Übersetzung von Richard Wilhelm) das ›Tao‹, jenen abstrakten Begriff, der im Zentrum der taoistischen Philosophie steht. Oft wird ›Tao‹ auch übersetzt mit ›Weg‹ oder ›Prinzip‹. Letztlich aber ist jeder Name und jede Übersetzung nur eine ungenaue Annäherung an das Wesen des Tao, das als transzendentes und ewiges Wirk- und Schöpfungsprinzip mit dem der Zeitlichkeit unterworfenen menschlichen Verstand und der menschlichen Sprache nicht erfasst werden kann. So heißt es etwa im *Tao te king*: »Der Sinn, den man ersinnen kann, / ist nicht der ewige Sinn. / Der Name, den man nennen kann, / ist nicht der ewige Name. / Jenseits des Nennbaren liegt der Anfang der Welt. / Diesseits des Nennbaren liegt die Geburt der Geschöpfe.« (Siehe dieses Buch, S. 12).

und Erde voran und ist nicht alt; er ist älter als das älteste
Altertum und ist nicht greis.

Blütenland, S. 97

Der Sinn erzeugt die Einheit.
Die Einheit erzeugt die Zweiheit.
Die Zweiheit erzeugt die Dreiheit.
Die Dreiheit erzeugt alle Geschöpfe.
Alle Geschöpfe haben im Rücken das Dunkle
und umfassen das Lichte,
und der unendliche Lebensatem gibt ihnen Einklang.

Tao te king, S. 59

Der Sinn, den man ersinnen kann,
ist nicht der ewige Sinn.
Der Name, den man nennen kann,
ist nicht der ewige Name.
Jenseits des Nennbaren liegt der Anfang der Welt.
Diesseits des Nennbaren liegt die Geburt der Geschöpfe.
Darum führt das Streben nach dem Ewig-Jenseitigen

zum Schauen der Kräfte,
das Streben nach dem Ewig-Diesseitigen
zum Schauen der Räumlichkeit.
Beides hat Einen Ursprung und nur verschiedene Namen.
Diese Einheit ist das Große Geheimnis.
Und des Geheimnisses noch tieferes Geheimnis:
Das ist die Pforte der Offenbarwerdung aller Kräfte.

Tao te king, S. 11

Rückkehr ist die Bewegung des Sinns.
Schwachheit ist die Äußerungsart des Sinns.
Alle Dinge in der Welt entstehen im Sein.
Das Sein entsteht im Nichtsein.

Tao te king, S. 57

Der große Sinn ist allgegenwärtig,
er kann zur Rechten sein und zur Linken.
Alle Geschöpfe verdanken ihm ihr Dasein,
und er verweigert sich ihnen nicht.
Das Werk wird vollbracht,

und er nennt es nicht seinen Besitz.
Er kleidet und nährt alle Geschöpfe,
und er spielt nicht den Herrn.
Insofern er ewig ohne Begehren ist,
kann man ihn als klein bezeichnen.
Insofern alle Geschöpfe sich ihm zuwenden,
[und er spielt nicht den Herrn]
kann man ihn als groß bezeichnen:

Also auch der Berufene:
Niemals macht er sich groß;
Darum bringt er sein Großes Werk zustande.

Tao te king, S. 46

Der Geist der Tiefe stirbt nicht,
Das ist das Ewig-Weibliche.
Des Ewig-Weiblichen Ausgangspforte
Ist die Wurzel von Himmel und Erde.
Endlos drängt sich's und ist doch wie beharrend.
In seinem Wirken bleibt es mühelos.

Tao te king, S. 16

Sein und Nichtsein ist ungetrennt durcheinander,
ehe Himmel und Erde entstehen.
So still! So leer!
Allein steht es und kennt keinen Wechsel.
Es wandelt im Kreise und kennt keine Unsicherheit.
Man kann es fassen als die Mutter der Welt.
Ich weiß seinen Namen nicht.
Ich bezeichne es als »Sinn«.
Mich mühend seine Art zu künden,
nenne ich es: »groß«.
Groß, damit meine ich: immer im Flusse.
Immer im Flusse, damit meine ich: in allen Fernen.
In allen Fernen, damit meine ich: in sich zurückkehrend.

Und darum heißt es:
Der Sinn ist groß, der Himmel ist groß,
die Erde ist groß und auch der Menschenkönig ist groß.
Vier Große gibt es im Weltraum,
und der Menschenkönig ist einer davon.
Der Mensch hat die Erde zum Vorbild.
Die Erde hat den Himmel zum Vorbild.
Der Himmel hat den Sinn zum Vorbild.
Und der Sinn hat sich selber zum Vorbild.

> *Tao te king, S. 36*

Wer es aber versteht, das innerste Wesen der Natur sich zu eigen zu machen und sich treiben zu lassen von dem Wandel der Urkräfte, um dort zu wandern, wo es keine Grenzen gibt, der ist von keinem Außending mehr abhängig.

Blütenland, S. 42 f.

Der Zustand, wo Ich und Nicht-Ich keinen Gegensatz mehr bilden, heißt der Angelpunkt des Sinns. Das ist der Mittelpunkt, um den sich nun die Gegensätze drehen können, sodass jeder seine Berechtigung im Unendlichen findet. Auf diese Weise hat sowohl das Ja als das Nein unendliche Bedeutung. Darum habe ich gesagt: es gibt keinen besseren Weg als die Erleuchtung.

Blütenland, S. 55

Des großen Lebens Form
folgt ganz dem Sinn.
Der Sinn wirkt die Dinge
unsichtbar, unfasslich!

Unfasslich, unsichtbar
sind in ihm Bilder!
Unsichtbar, unfasslich
sind in ihm Dinge!
Unergründlich, dunkel
ist in ihm Same!
Dieser Same ist die Wahrheit.
In ihr ist der Glaube.
Von Anbeginn bis heute
ist sein Name nicht zu entbehren,
um zu verstehen aller Dinge Entstehung.
Und woher weiß ich,
dass aller Dinge Entstehung so beschaffen ist?
Eben durch ihn.

Tao te king, S. 32

Die Welt der Wirklichkeit, in der der Sinn verblasst ist, sie
gleicht der Musik, die den Saiten entströmt. Die Welt aber
jenseits der Wirklichkeit und Verblassung des Sinn, sie
gleicht der Musik, die nicht mit Saiten hervorgebracht wird.

Blütenland, S. 57

Der Sinn erzeugt.
Das Leben nährt.
Das Wesen gestaltet.
Die Kraft vollendet.

Also auch:
unter allen Geschöpfen ist keines,
das nicht den Sinn ehrt
und das Leben werthält.
Wird der Sinn geehrt und das Leben gewertet,
so bedarf es keiner Gebote:
und alles geht beständig von selber.
Darum, lass den Sinn erzeugen,
nähren, vermehren,
bilden, vollenden,
reifen, aufziehen, schützen:
Erzeugen und nicht besitzen,
wirken und nicht behalten,
mehren und nicht beherrschen:
Das ist geheimes Leben.

Tao te king, S. 68

Meister Kung sprach: »Die Fische sind fürs Wasser geschaffen; die Menschen sind für den Sinn geschaffen. Weil jene fürs Wasser geschaffen sind, so tauchen sie in die Tiefe und finden ihre Nahrung; weil diese für den Sinn geschaffen sind, so bedürfen sie keiner Sorge, ihr Leben kommt in Sicherheit. Darum heißt es: Die Fische mögen einander vergessen in Strömen und Seen; die Menschen mögen einander vergessen in Übung des Sinns.«

Blütenland, S. 101

Der Sinn ist aller Geschöpfe Hort,
der guten Menschen Schatz,
der nichtguten Menschen Zuflucht.
Mit hehren Worten ist man leicht geehrt.
Mit hehren Taten ist man leicht erhoben.
Aber die Nichtguten unter den Menschen:
Warum sollte man die wegwerfen?
Darum ist der Herrscher eingesetzt
und die Fürsten haben ihr Amt.
Ob man auch Zepter von Juwelen hätte, um sie im
    feierlichen Viererzug zu übersenden,
nicht kommt das der Gabe gleich, wenn man diesen Sinn
    auf seinen Knien dem Herrscher darbringt.

Der Grund, warum die Alten diesen Sinn so wert hielten,
war kein andrer, als dass man von ihm wirklich sagen
   kann:
Wer bittet, der empfängt.
Wer Sünden hat, dem werden sie vergeben.
Darum ist er der köstlichste Schatz in der Welt.
   Tao te king, S. 79

Des Himmels Sinn, wie gleicht er dem Bogenspannen!
Das Hohe drückt er nieder,
das Niedrige macht er hoch.
Was Fülle hat, verringert er,
was Mangel hat, das ergänzt er.
Des Himmels Sinn ist es,
die Fülle zu verringern, den Mangel zu ergänzen.
Des Menschen Sinn ist nicht also.
Er verringert, was Mangel hat,
um es darzubringen dem, das Fülle hat.
Wer aber ist imstande, seine Fülle der Welt darzubringen?
Nur der, so den Sinn hat.

Also auch der Berufene:
Er wirkt und behält nicht.
Ist das Werk vollbracht, so verharrt er nicht dabei.
Er wünscht nicht, seine Bedeutung vor andern zu zeigen.

Tao te king, S. 95

Der die Form erhält, das Dasein erschöpft, das Leben festigt, den Sinn leuchten lässt: ist es nicht der, der königlich das Leben beherrscht? Erhaben ist es, wie er unbedingt sich äußert, siegreich sich regt, und alle Geschöpfe folgen ihm. Das ist der Mensch, der königlich das Leben beherrscht. Er blickt hinein ins Unsichtbare; er horcht auf das Lautlose. Inmitten des unsichtbaren Dunkels sieht er allein es dämmern, inmitten des Lautlosen vernimmt er allein Harmonien. Darum: der Tiefen Tiefstes weiß er zu fassen; des Geistigen Geistigstes vermag er zur Samenkraft zu gestalten. So steht er inmitten der Welt der Dinge. Das äußerste Nicht-Sein muss seinen Zielen dienen; die fliehende Zeit vermag er zum Stehen zu zwingen. Großes ist klein für ihn; Langes ist kurz für ihn; Fernes ist nah für ihn.

Blütenland, 140 f.

Meister Ostweiler befragte den Dschuang Dsi und sprach: »Was man den Sinn nennt, wo ist er zu finden?«
Dschuang Dsi sprach: »Er ist allgegenwärtig.«
Meister Ostweiler sprach: »Du musst es näher bestimmen.«
Dschuang Dsi sprach: »Er ist in dieser Ameise.«
Jener sprach: »Und wo noch tiefer?«
Dschuang Dsi sprach: »Er ist in diesem Unkraut.«
Jener sprach: »Gib mir ein noch geringeres Beispiel!«
Er sprach: »Er ist in diesem tönernen Ziegel.«
Jener sprach: »Und wo noch niedriger?«
Er sprach: »Er ist in diesem Kothaufen.«

Blütenland, S. 239 f.

Tief wie das Meer, unendlich, sodass jeder Schluss zugleich ein Anfang ist; allen Wesen ihr Maß zuwendend, ohne sich zu erschöpfen; der Herrscher Pfade bestimmend und doch jenseits von ihnen; allen Geschöpfen, die sich nahen, spendend, was sie brauchen, ohne sich zu erschöpfen: das ist der Sinn.

Blütenland, S. 238

DAS WESEN DER WIRKLICHKEIT

Wenn auf Erden alle das Schöne als schön erkennen,
so ist dadurch schon das Hässliche gesetzt.
Wenn auf Erden alle das Gute als gut erkennen,
so ist dadurch schon das Nichtgute gesetzt.
Denn Sein und Nichtsein erzeugen einander.
Schwer und Leicht vollenden einander.
Lang und Kurz gestalten einander.
Hoch und Tief verkehren einander.
Stimme und Ton sich vermählen einander.
Vorher und Nachher folgen einander.

Tao te king, S. 12

Die Begrenzungen sind nicht ursprünglich im Sinn des Daseins begründet. Die festgelegten Bedeutungen sind nicht ursprünglich den Worten eigentümlich. Die Unterscheidungen entstammen erst der subjektiven Betrachtungsweise.

Blütenland, S. 58

Ein Weg bildet sich dadurch, dass er begangen wird; die Dinge erhalten ihr So-Sein dadurch, dass sie genannt werden. Worin besteht das So-Sein? Das So-Sein besteht eben im So-Sein. Worin besteht das Nicht-So-Sein? Das Nicht-So-Sein besteht eben im Nicht-So-Sein. Die Dinge haben notwendig ihr So-Sein; die Dinge haben notwendig ihre Möglichkeit. Kein Ding ist ohne So-Sein; kein Ding ist ohne Möglichkeit. Darum, was vom Standpunkt des Ichs aus ein Querbalken ist oder ein Längsbalken, Hässlichkeit oder Schönheit, Größe oder Gemeinheit, Übereinstimmung oder Abweichung: im Sinn sind diese Gegensätze aufgehoben in der Einheit.

Blütenland, S. 55 f.

Einst träumte Dschuang Dschou*, dass er ein Schmetterling sei, ein flatternder Schmetterling, der sich wohl und glücklich fühlte und nichts wusste von Dschuang Dschou. Plötzlich wachte er auf: da war er wieder wirklich und wahrhaftig Dschuang Dschou. Nun weiß ich nicht, ob Dschuang Dschou geträumt hat, dass er ein Schmetterling sei, oder ob der Schmetterling geträumt hat, dass er

* Dschuang Dsi

Dschuang Dschou sei, obwohl doch zwischen Dschuang Dschou und dem Schmetterling sicher ein Unterschied ist. So ist es mit der Wandlung der Dinge.

Blütenland, S. 63

Der Name ist der Gast der Wirklichkeit.

Blütenland, S. 43

Wenn es aussieht, als werde sich etwas wandeln: woher kann man wissen, ob es nicht in der Tat sich nicht wandelt; wenn es aussieht, als wolle sich etwas nicht wandeln: wie kann man wissen ob es in der Tat nicht schon in Wandlung begriffen ist? Sind nicht vielleicht gerade ich und du in einem Traum befangen, von dem wir noch nicht erwacht sind?

Blütenland, S. 102

Im Uranfang war das Nicht-Sein des Nicht-Seins, war das Unnennbare. Daraus erhob sich das Eine. Dieses Eine – in seinem Dasein, aber noch ohne Form, das die Dinge bekommen müssen, um erzeugt werden zu können – heißt Leben. Was noch keine Form hat und, obwohl in ihm schon Teile angelegt sind, doch noch keine Geschiedenheiten aufweist, heißt der Begriff. Was in seinem Beharren und Bewegen die Dinge erzeugt und in den fertigen Dingen ihr immanentes Gesetz erzeugt, heißt die Form. Körperliche Form, die Geistiges schützend umfasst, sodass beides seine besondere Wirkungsweise zeigt, heißt Natur. Wird die Natur gepflegt, so kehrt sie zurück zum Leben. Dieses Leben auf seiner höchsten Stufe stimmt überein mit jenem Uranfänglichen. In dieser Übereinstimmung erweist es sich als jenseitig. In seiner Jenseitigkeit erweist es sich als groß. Es schließt sich der Außenwelt gegenüber ab. Ist es der Außenwelt gegenüber abgeschlossen, so wird es eins mit den Kräften des Himmels und der Erde. Diese Vereinigung ist verdeckt. Sie erscheint wie Torheit, erscheint wie Bewusstlosigkeit. Das ist das mystische Leben, das übereinstimmt mit dem großen Sich-Auswirkenden.

Blütenland, S. 144

Außerdem, was wir gegenseitig als unser Ich bezeichnen: wer weiß denn, was das ist, das wir unser Ich nennen? Würdest du träumen, du seiest ein Vogel und flögst am Himmel, würdest du träumen, du seiest ein Fisch und schwämmest in der Tiefe: du würdest nicht wissen, ob das, was wir jetzt miteinander reden, im Traum oder im Wachen geredet war.

Blütenland, S. 102 f.

DAS WAHRE LEBEN

Erzeugen und ernähren,
erzeugen und nicht besitzen:
wirken und nicht behalten,
mehren und nicht beherrschen:
Das ist geheimes Leben.
Tao te king, S. 20

Seine WORTE selten machen,
dann geht alles von selber.
Ein Wirbelwind dauert keinen Morgen lang.
Ein Platzregen dauert keinen Tag.
Und wer ist es, der diese wirkt?
Der Himmel und die Erde.
Wenn nicht einmal der Himmel und die Erde in solchen
   Dingen Dauer haben,
wie viel weniger der Mensch.
Tao te king, S. 34

Was halb ist, wird voll werden.
Was krumm ist, wird gerade werden.
Was leer ist, wird gefüllt werden.
Was alt ist, wird neu werden.
Wer wenig hat, wird bekommen.
Wer viel hat, wird umnebelt werden.«

Also auch der Berufene:
Er umfasst das Eine
und ist der Welt Vorbild.
Er will nicht selber scheinen,
darum wird er erleuchtet.
Er will nichts selber sein,
darum wird er herrlich.
Er rühmt sich selber nicht,
darum vollbringt er Werke.
Er tut sich nicht selber hervor,
darum wird er erhoben.
Denn wer nicht streitet,
mit dem kann niemand auf der Welt streiten.
Was die Alten gesagt: »Was halb ist, soll voll werden«,
ist fürwahr kein leeres Wort.
Alle wahre Vollkommenheit ist darunter befasst.
          Tao te king, S. 33

Wer auf den Zehen steht,
steht nicht fest.
Wer mit gespreizten Beinen geht,
kommt nicht voran.
Wer selber scheinen will,
wird nicht erleuchtet.
Wer selber etwas sein will,
wird nicht herrlich.
Wer selber sich rühmt,
vollbringt nicht Werke.
Wer selber sich hervortut,
wird nicht erhoben.
Er ist für den Sinn wie Küchenabfall und Eiterbeule.
Und auch die Geschöpfe alle hassen ihn.
Darum: wer den Sinn hat,
weilt nicht dabei.

> *Tao te king, S. 35*

Guter Wandrer lässt keine Spur zurück.
Guter Sprecher gibt sich keine Blöße.
Guter Rechner braucht keine Rechenstäbchen.
Guter Schließer schließt nicht mit Schloss und Riegel,
und doch kann niemand auftun.

Guter Binder bindet nicht mit Band und Strick,
und doch kann niemand lösen.

Tao te king, S. 38

W er andre kennt, ist klug,
Wer sich selber kennt, ist weise.
Wer andere besiegt, hat Kraft,
Wer sich selber besiegt, ist stark.
Wer sich durchsetzt, hat Willen,
Wer sich genügen lässt, ist reich.
Wer seinen Platz nicht verliert, hat Dauer.
Wer auch im Tode nicht untergeht, der lebt.

Tao te king, S. 45

W er das Kleine wahrnimmt, ist klar.
Wer das Weiche wahrt, ist stark.
Wer sein Licht gebraucht,
um zurückzukehren zu seiner Klarheit,
der hinterlässt kein Ich, das eine Gefahr treffen könnte.
Das heißt: das Ewige erben.

Tao te king, S. 69

Wer seine männliche Kraft erkennt
und dennoch in weiblicher Schwachheit weilt,
der ist das Strombett der Welt.
Ist er das Strombett der Welt,
so verlässt ihn nicht das ewige Leben,
und er kann wieder umkehren und werden wie ein
  Kindlein.

Tao te king, S. 39

Was man zusammenziehen will,
das muss man erst sich richtig ausdehnen lassen.
Was man schwächen will,
das muss man erst richtig stark werden lassen.
Was man beseitigen will,
das muss man erst richtig sich ausleben lassen.
Wo man nehmen will,
da muss man erst richtig geben.
Das heißt die geheime Erleuchtung.
Das Weiche siegt über das Harte,
Das Schwache siegt über das Starke.

Tao te king, S. 48

Wer sein Licht erkennt
und dennoch im Dunkel weilt,
der ist das Vorbild der Welt.
Ist er das Vorbild der Welt,
so fehlt ihm nicht das ewige Leben,
und er kann wieder umkehren zum Ungewordenen.

Wer seine Ehre erkennt
und dennoch in Schande weilt,
der ist das Tal der Welt.
Ist er das Tal der Welt,
so hat er Genüge des ewigen Lebens,
und er kann wieder umkehren zur Einfalt.

Tao te king, S. 39

Das hohe Leben sucht nicht sein Leben,
also hat es Leben.
Das niedere Leben sucht sein Leben nicht zu verlieren,
also hat es kein Leben.
Das hohe Leben ist ohne Handeln und ohne Absicht.
Das niedere Leben handelt und hat Absichten:

Die Liebe handelt und hat nicht Absichten.
Die Gerechtigkeit handelt und hat Absichten.
Die Moral handelt, und wenn man ihr nicht entgegen-
    kommt –
so fuchtelt sie mit den Armen und zieht einen herbei.

Darum: Ist der Sinn abhanden, dann das Leben.
Ist das Leben abhanden, dann die Liebe.
Ist die Liebe abhanden, dann die Gerechtigkeit.
Ist die Gerechtigkeit abhanden, dann die Moral.

Diese Moral ist Treu und Glaubens Dürftigkeit
und der Verwirrung Beginn.
Vorbedacht ist des Sinnes Schein
und der Torheit Anfang.

Also auch der rechte Mann:
Er weilt beim Völligen und nicht beim Dürftigen.
Er bleibt beim Sein und nicht beim Schein.
Darum tut er ab das Ferne und hält sich an das Nahe.
    Tao te king, S. 53

Der Name oder das Ich:
Was steht näher?
Das Ich oder der Besitz:
Was ist mehr?
Gewinnen oder verlieren:
Was ist schlimmer?

Nun aber:
Wer sein Herz an andres hängt,
verbraucht notwendig Großes.
Wer viel sammelt,
verliert notwendig Wichtiges.
Wer sich genügen lässet,
kommt nicht in Schande.
Wer Einhalt zu tun weiß,
kommt nicht in Gefahr
und kann so ewig dauern.

Tao te king, S. 61

Große Vollendung muss wie unzulänglich erscheinen,
so wird sie unendlich in ihrer Wirkung.
Große Fülle muss wie leer erscheinen,
so wird sie unerschöpflich in ihrer Wirkung.

Große Geradheit muss wie krumm erscheinen.
Große Begabung muss wie dumm erscheinen.
Große Beredsamkeit muss wie stumm erscheinen.
Bewegung überwindet die Kälte.
Stille überwindet die Hitze.
Reinheit und Stille ist der Welt Richtmaß.

Tao te king, S. 62

Ohne aus der Tür zu gehen,
kann man die Welt erkennen.
Ohne aus dem Fenster zu blicken,
kann man des Himmels Sinn erschauen.
Je weiter einer hinausgeht,
desto weniger wird sein Erkennen.

Also auch der Berufene:
Er wandert nicht und kommt doch ans Ziel.
Er sieht sich nicht um und vermag doch zu benennen.
Er handelt nicht und bringt doch zur Vollendung.

Tao te king, S. 64

Was gut gepflanzt ist, wird nicht ausgerissen.
Was gut umfangen wird, wird nicht entgehen.
Wer sein Gedächtnis Söhnen und Enkeln hinterlässt,
    hört nicht auf.
Gestaltet man danach sein Ich,
so zeigt sich seines Lebens Echtheit.
Gestaltet man danach sein Haus,
so zeigt sich seines Lebens Fülle.
Gestaltet man danach seine Gegend,
so zeigt sich seines Lebens Wachstum.
Gestaltet man danach sein Land,
so zeigt sich seines Lebens Blüte.
Gestaltet man danach die Welt,
so zeigt sich seines Lebens Allgemeinheit.
Darum: nach deinem Ich beurteile das Ich des andern.
Nach deinem Haus beurteile das Haus der andern.
Nach deiner Gegend beurteile die Gegend der andern.
Nach deinem Land beurteile das Land der andern.
Nach deiner Welt beurteile die Welt der andern.
Und wie kann ich erkennen, dass es so steht in der Welt?
Eben auf diese Weise.

> *Tao te king, S. 71*

Der Erkennende redet nicht,
der Redende erkennt nicht.
(Er hält seinen Mund zu und schließt seine Pforten.
Er mildert ihre Schärfe,
er löst ihre Wirrsale,
er mäßigt ihren Glanz,
er vereinigt sich mit ihrem Staub.
Das ist geheime Vereinigung.)
Er ist unzugänglich für Annäherung.
Er ist unzugänglich für Entfremdung.
Er ist unzugänglich für Gewinn.
Er ist unzugänglich für Schaden.
Er ist unzugänglich für Ehre.
Er ist unzugänglich für Niedrigkeit.
Darum ist er der Vornehmste auf Erden.

Tao te king, S. 73

Vergiss die Zeit! Vergiss die Meinungen! Erhebe dich ins
Grenzenlose! Und wohne im Grenzenlosen!

Blütenland, S. 62

Was noch in Ruhe ist, kann man leicht behandeln.

Was noch unentschieden ist, kann man leicht bedenken.

Was noch saftig ist, kann man leicht brechen.

Was noch winzig ist, kann man leicht zerstreuen.

Man muss wirken auf das, was noch nicht da ist.

Man muss ordnen, was noch nicht in Verwirrung ist.

Ein Baum von zwei Klafter Umfang wächst aus einem
haarfeinen Sprössling.

Ein Turm von neun Stockwerken entsteht aus einem Erd-
haufen.

Eine Reise von tausend Meilen beginnt mit dem ersten
Schritt.

Wer handelt, verdirbt es.

Wer festhält, verliert es.

Tao te king, S. 81

Der Baum auf dem Berge beraubt sich selbst; das Öl in
der Lampe verzehrt sich selbst. Der Zimtbaum ist essbar,
drum wird er gefällt; der Lackbaum ist nützlich, drum
wird er zerspellt. Jedermann weiß, wie nützlich es ist,
nützlich zu sein, und niemand weiß, wie nützlich es ist,
nutzlos zu sein.

Blütenland, S. 82

Dass Ströme und Meere die Könige sind aller Täler,
das kommt davon, dass sie tüchtig sind im Untensein.
Darum sind sie die Könige aller Täler.

Also auch der Berufene:
Wenn er über seinen Leuten stehen will,
so stellt er sich in seinem Reden unter sie.
Wenn er seinen Leuten voran sein will,
so stellt er sich in seinem Ich hintan.

Also auch:
Er weilt in der Höhe, und die Leute werden durch ihn
    nicht belastet.
Er weilt am ersten Platze, und die Leute werden von ihm
    nicht verletzt.

Also auch:
Die ganze Welt ist willig, ihn voranzubringen,
und wird nicht unwillig.
Weil er nicht streitet,
kann niemand auf der Welt mit ihm streiten.
        Tao te king, S. 84

Der Sumpffasan muss zehn Schritte gehen, ehe er einen Bissen Nahrung findet, und hundert Schritte, ehe er einmal trinkt; aber er begehrt nicht darnach, in einem Käfig gehalten zu werden. Obwohl er dort alles hätte, was sein Herz begehrt, gefällt es ihm doch nicht.

Blütenland, S. 66

Unser Leben ist endlich; das Wissen ist unendlich. Mit dem Endlichen etwas Unendlichem nachzugehen, ist gefährlich. Darum bringt man sich nur in Gefahr, wenn man sein Selbst einsetzt, um die Erkenntnis zu erreichen. Dem Gutestun folgt der Ruhm nicht auf dem Fuße nach; dem Übeltun folgt die Strafe nicht auf dem Fuße nach. Wer es aber versteht, die Verfolgung der Hauptlebensader zu seiner Grundrichtung zu machen, der ist imstande, seinen Leib zu schützen, sein Leben völlig zu machen, den Nächsten Gutes zu tun und seiner Jahre Zahl zu vollenden.

Blütenland, S. 64 f.

Der Sinn liebt nicht Geschäftigkeit. Geschäftigkeit führt zur Überlastung; Überlastung führt zur Unruhe; Unruhe führt zu Sorgen, und mit Sorgen ist man rettungslos verloren. Die höchsten Menschen der alten Zeit behielten (den Sinn) für sich, und dann erst suchten sie ihn unter den Menschen aufrechtzuerhalten. Wenn man mit sich selbst noch nicht im Reinen ist, wie will man da noch Zeit finden, sich mit dem Wandel von Tyrannen abzugeben!

Blütenland, S. 70

Wer des Lebens Bedingungen versteht, der wird sich nicht abmühen um Dinge, die für das Leben überflüssig sind. Wer die Bedingungen des Schicksals kennt, der wird sich nicht abmühen um Dinge, die wir nicht wissen können.

Blütenland, S. 208

Wer innerlich unbeugsam ist, ist ein Diener des Himmels. Wer ein Diener des Himmels ist, der weiß, dass der Himmelssohn und er selbst in gleicher Weise vom Himmel als Kinder angesehen werden. So richte ich meine

Worte gleichsam nur an mich selber und brauche nicht ängstlich besorgt zu sein, ob die Menschen sie gut finden oder nicht gut finden. Auf diese Weise bin ich vor der Welt gleichsam ein Kind. Das heißt des Himmels Diener sein. Wer äußerlich sich beugt, ist ein Diener der Menschen. Unter Fürstendienern ist es Brauch, sich zu erheben, niederzuknien, die Hände zu falten: was alle Menschen tun, sollte ich wagen, das nicht zu tun? Wenn man aber tut, was die andern Menschen tun, so werden uns die Menschen nicht tadeln. Das heißt ein Diener der Menschen sein.

Blütenland, S. 72

Bei wem Natürliches und Menschliches sich das Gleichgewicht hält: das ist der wahre Mensch.

Blütenland, S. 96

Es war einmal ein Krüppel mit Namen Schu. Der war so verwachsen, dass ihm das Kinn bis auf den Nabel reichte. Seine Schultern waren höher als der Kopf, sein Haarknoten stand zum Himmel empor, die Eingeweide waren alle nach oben verdreht, und seine Beine waren an den Rippen angewachsen. Als Schneider und Waschmann verdiente er genug, um davon zu leben; durch Getreide-Sieben erwarb er sich so viel, dass er zehn Menschen davon ernähren konnte. Wurde von oben her eine Aushebung von Soldaten ausgeschrieben, so stand jener Krüppel dabei und fuchtelte mit den Armen; waren für die Regierung schwere Fronden zu leisten, so wurde dem Krüppel wegen seiner dauernden Untauglichkeit keine Arbeit zugewiesen. Wenn dagegen die Regierung Getreide unter die Armen verteilte, so bekam der Krüppel drei Scheffel und zehn Bündel Reisig. So diente ihm seine körperliche Verkrüppelung dazu, um seinen Lebensunterhalt zu finden und seiner Jahre Zahl zu vollenden. Wie viel mehr wird der davon haben, der es versteht, Krüppel zu sein im Geiste!

Blütenland, S. 81

Wer des Lebens Verhältnisse versteht, ist groß. Wer die Grenzen des Wissens durchschaut, ist geschickt. Wem ein großes Schicksal zuteil wird, der mag ihm folgen; wem ein kleines Schicksal zuteil wird, der mag es nehmen, wie er es trifft.

Blütenland, S. 301 f.

Darum, wer sich seines Einflusses auf die Außenwelt freut, ist noch nicht wirklich ein Berufener; wer Zuneigungen hat, ist noch nicht wahrhaft gütig; wer in seinem Wirken an die Zeit gebunden ist, der besitzt noch nicht die wahre Größe; wer nicht erhaben ist über Glück und Unglück, der hat noch nicht den wahren Adel; wer, um sich einen Namen zu machen, sein Selbst verliert, der ist noch nicht ein wahrer Ritter. Und mag einer sein Leben opfern: wenn es nicht in der wahren Weise geschieht, so dient er damit den Menschen nicht.

Blütenland, S. 95

Wer sich zur Bejahung bekennt und nichts von der Verneinung weiß, wer sich zur Ordnung bekennt und nichts von Verwirrung weiß, der hat noch nicht die Gesetze des Himmels und der Erde und die Verhältnisse der Welt durchschaut. Das ist, wie wenn man sich an den Himmel halten und nichts von der Erde wissen wollte, oder wie wenn man sich an die trübe Urkraft wenden und nichts von der lichten wissen wollte. Es ist klar, dass das nicht geht.

Blütenland, S. 193

Geburt und Sterben, Leben und Tod, Erfolg und Misserfolg, Armut und Reichtum, Würdigkeit und Unwürdigkeit, Lob und Tadel, Hunger und Durst, Hitze und Kälte wechseln in den Ereignissen miteinander ab, wie es dem Gang des Schicksals entspricht. Darum ist es nicht der Mühe wert, durch diese Dinge den inneren Einklang stören zu lassen; man darf sie nicht eindringen lassen in die Behausung der Seele. Wer es vermag, mit diesem inneren Einklang sein ganzes Leben im Voraus zu durchdringen, und seine Freudigkeit nie verliert; wer Tag und Nacht ohne Unterbrechung der Welt diese Frühlingsmilde zeigt und so entgegennimmt, was der Zeit entsprechend in seinem Herzen entsteht: der beweist die Völligkeit seiner Naturanlagen.

Blütenland, S. 89

So wandelt der Berufene im Lande der Freiheit. Das Wissen betrachtet er als vom Übel; gegebenes Wort betrachtet er als Leim; Tugend betrachtet er als Mittel zu äußerem Gewinn, und gute Werke betrachtet er als Handelsware. Der Berufene schmiedet keine Pläne: wozu bedarf er da des Wissens? Er kennt nicht Bruch noch Trennung: wozu bedarf er da des Leimes? Er kennt keinen Verlust: wozu bedarf er da der Tugend? Er braucht keine irdischen Güter: wozu bedarf er da der Handelsware? In allen diesen Dingen genießt er des Himmels Speise. Des Himmels Speise genießen, das heißt vom Himmel ernährt werden. Da er nun Nahrung bekommt vom Himmel: wozu bedarf er noch der Menschen? Er hat der Menschen Gestalt, aber nicht der Menschen Leidenschaften. Weil er menschliche Gestalt hat, darum gesellt er sich zu den Menschen; da er aber nicht menschliche Leidenschaften kennt, so haben ihre Wertungen keinen Einfluss auf sein Leben. Verschwindend klein ist, was ihn mit dem Menschen verbindet; in stolzer Größe schafft er sich einsam seinen Himmel.

Blütenland, S. 90 f.

Die wahren Menschen des Altertums scheuten sich nicht davor, wenn sie (mit ihrer Erkenntnis) allein blieben. Sie vollbrachten keine Heldentaten, sie schmiedeten keine Pläne. Darum hatten sie beim Misslingen keinen Grund zur Reue, beim Gelingen keinen Grund zum Selbstgefühl; darum konnten sie die höchsten Höhen ersteigen, ohne zu schwindeln; sie konnten ins Wasser gehen, ohne benetzt zu werden; sie konnten durchs Feuer schreiten, ohne verbrannt zu werden. Auf diese Weise vermochte sich ihre Erkenntnis zu erheben zur Übereinstimmung mit dem Sinn. Die wahren Menschen des Altertums hatten während des Schlafens keine Träume und beim Erwachen keine Angst. Ihre Speise war einfach, ihr Atem tief. Die wahren Menschen holen ihren Atem von ganz unten herauf, während die gewöhnlichen Menschen nur mit der Kehle atmen. Krampfhaft und mühsam stoßen sie ihre Worte heraus, als erbrächen sie sich. Je tiefer die Leidenschaften eines Menschen sind, desto seichter sind die Regungen des Göttlichen in ihm.

Blütenland, S. 94

Darum, wer sich seines Einflusses auf die Außenwelt freut, ist noch nicht wirklich ein Berufener; wer Zuneigungen hat, ist noch nicht wahrhaft gütig; wer in seinem Wirken an die Zeit gebunden ist, der besitzt noch nicht die wahre Größe; wer nicht erhaben ist über Glück und Unglück, der hat noch nicht den wahren Adel; wer, um sich einen Namen zu machen, sein Selbst verliert, der ist noch nicht ein wahrer Ritter. Und mag einer sein Leben opfern: wenn es nicht in der wahren Weise geschieht, so dient er damit den Menschen nicht.

Blütenland, S. 95

Der höchste Mensch gebraucht sein Herz wie einen Spiegel. Er geht den Dingen nicht nach und geht ihnen nicht entgegen; er spiegelt sie wider, aber hält sie nicht fest. Darum kann er die Welt überwinden und wird nicht verwundet. Er ist nicht der Sklave seines Ruhms; er hegt nicht Pläne; er gibt sich nicht ab mit den Geschäften; er ist nicht Herr des Erkennens. Er beachtet das Kleinste und ist doch unerschöpflich und weilt jenseits des Ichs. Bis aufs Letzte nimmt er entgegen, was der Himmel spendet, und hat doch, als hätte er nichts. Er bleibt demütig.

Blütenland, S. 96

Was ich gut nenne, hat mit der Moral nichts zu tun, sondern ist einfach Güte des eigenen Geistes. Was ich gut nenne, hat mit dem Geschmack nichts zu tun, sondern ist einfach das Gewährenlassen der Gefühle des eigenen Lebens. Was ich Hören nenne, hat mit dem Vernehmen der Außenwelt nichts zu tun, sondern ist einfach Vernehmen des eigenen Innern. Was ich Schauen nenne, hat mit dem Sehen der Außenwelt nichts zu tun, sondern ist einfach Sehen des eigenen Wesens. Wer nicht sich selber sieht, sondern nur die Außenwelt; wer nicht sich selbst besitzt, sondern nur die Außenwelt: der besitzt nur fremden Besitz und nicht seinen eigenen Besitz, der erreicht nur fremden Erfolg und nicht seinen eigenen Erfolg.

Blütenland, S. 117

Was von außen her der Zufall bringt, ist nur vorübergehend. Das Vorübergehende soll man nicht abweisen, wenn es kommt, und nicht festhalten, wenn es geht. Darum soll man nicht um äußerer Auszeichnungen willen selbstisch werden in seinen Zielen, noch um äußerer Not und Schwierigkeiten willen es machen wollen wie die andern. Dann ist unsere Freude dieselbe im Glück und Unglück, und man ist frei von allen Sorgen.

Blütenland, S. 185

Nein, innerhalb der Welt der wirklichen Dinge gibt es keine begrenzten Maßstäbe, gibt es keine ruhende Zeit, gibt es keine dauernden Zustände, gibt es kein Festhalten von Ende und Anfang. Wer daher höchste Weisheit besitzt, der überschaut in der gleichen Weise das Ferne und das Nahe, sodass das Kleine für ihn nicht gering und das

Große nicht wichtig erscheint; denn er erkennt, dass es keine fest begrenzten Maßstäbe gibt. Er durchdringt mit seinem Blick Vergangenheit und Gegenwart, sodass er dem Vergangenen nicht nachtrauert und ohne Ungeduld die Gegenwart genießt; denn er erkennt, dass es keine ruhende Zeit gibt. Er hat erforscht den ständigen Wechsel von Steigen und Fallen, sodass er sich nicht freut, wenn er gewinnt, noch trauert, wenn er verliert; denn er erkennt, dass es keine dauernden Zustände gibt. Er ist im Klaren über den ebenen Pfad, sodass er nicht glücklich ist über seine Geburt noch unglücklich über seinen Tod; denn er erkennt, dass Ende und Anfang sich nicht festhalten lassen.

Blütenland, S. 190

Ein Hund ist nicht deshalb gut, weil er tüchtig bellen kann; ein Mensch ist nicht deshalb weise, weil er tüchtig reden kann, und wie viel weniger groß! Diese Art von Größe ist noch nicht einmal ausreichend, um Größe genannt zu werden, wie viel weniger Leben! Es gibt nichts, das vollkommener wäre als Himmel und Erde, und doch bedürfen sie nichts zu ihrer Vollkommenheit. Wer erkennt, dass große Vollkommenheit nichts erstrebt, nichts erreicht, nichts verwirft, nicht durch die Außenwelt sich beeinflussen lässt, sich zurückziehend ins eigene Innere unerschöpflich ist, der Urzeit folgt ohne Geschäftigkeit, der ist in Wahrheit der große Mensch.

Blütenland, S. 267

Zum Aufsetzen des Fußes braucht man nur eine kleine Stelle, aber man muss freien Raum vor den Füßen haben, dann erst kommt man tüchtig vorwärts. Was der Mensch erkennen kann, ist nur weniges, aber er bedarf des Unerkennbaren, um zu erkennen die Gedanken des Himmels.

Blütenland, S. 271

Wahrlich, ich sage dir, kannst du sein wie ein Kind? Ein Kind bewegt sich und weiß nicht, was es tut, es geht und weiß nicht wohin … Wenn man also ist, so naht uns weder Leid noch Glück. Wenn man frei ist von Leid und Glück, dann ist man dem Menschenelend entnommen.

Blütenland, S. 253

Dang, der Kanzler des Staates Schang, befragte den Dschuang Dsi über die Liebe.

Dschuang Dsi sprach: »Tiger und Wölfe haben Liebe.«

Jener sprach: »Was soll das bedeuten?«

Dschuang Dsi sprach: »Die Alten und die Jungen sind anhänglich aneinander, das muss man doch als Liebe bezeichnen.«

Jener sprach: »Darf ich fragen, was die höchste Liebe ist?«

Dschuang Dsi sprach: »Die höchste Liebe kennt keine Anhänglichkeit.«

Blütenland, S. 167

Ich habe drei Schätze,
die ich schätze und hüte:
Der eine ist die Liebe,
der zweite ist die Genügsamkeit,
der dritte ist die Demut.
Die Liebe macht, dass man mutig sein kann,
die Genügsamkeit macht, dass man weitherzig sein kann,
die Demut macht, dass man fähig wird zu herrschen.
Heutzutage ist man mutig unter Preisgabe der Liebe,
weitherzig unter Preisgabe der Genügsamkeit,

den andern voran unter Preisgabe der Demut:
das ist der Tod.
Denn die Liebe siegt im Kampfe,
ist fest in der Verteidigung.
Wen der Himmel retten will,
den schützt er durch die Liebe.

Tao te king, S. 85

NICHT-HANDELN, SELBSTVERGESSEN
UND ERLEUCHTUNG

Die Welt erobern wollen durch Handeln:
Ich habe erlebt, dass das misslingt.
Die Welt ist ein geistiges Ding,
das man nicht behandeln darf.
Wer handelt, verdirbt sie.
Wer festhält, verliert sie.
Denn: die Geschöpfe gehen voran oder folgen,
sie seufzen oder schnauben,
sie sind stark oder schwach,
sie siegen oder unterliegen.
Also auch der Berufene:
Er meidet das Heftige.
Er meidet das Üppige.
Er meidet das Großartige.
  Tao te king, S. 40

Das Allerweichste auf Erden
überholt das Allerhärteste auf Erden.
Das Nichtseiende dringt auch noch ein in das, was
   keinen Zwischenraum hat.
Daran erkennt man den Wert des Nicht-Handelns*.
Die Belehrung ohne Worte, den Wert des Nicht-
   Handelns
erreichen nur wenige auf Erden.
     Tao te king, S. 60

Wer das Nichthandeln übt,
sich mit Beschäftigungslosigkeit beschäftigt,
Geschmack findet an dem, was nicht schmeckt:
Der sieht das Große im Kleinen und das Viele im
   Wenigen.
Er vergilt Groll durch Leben.
Er plant das Schwere im Leichten.

---

* ›Nicht-Handeln‹ ist die Übersetzung des chinesischen Begriffs *wú-wéi*, der mittlerweile auch in der westlichen Esoterik- und Lebenshilfeliteratur Einzug gehalten hat (vgl. z. B. THEO FISCHER: *Wu wei. Die Lebenskunst des Tao.* Rowohlt, Hamburg 2005). Nicht-Handeln bedeutet im taoistischen Kontext, sich nicht gegen das Wirken des Tao aufzulehnen, sondern ihm freien Lauf zu lassen.

Er tut das Große im Geringen.
Alle Schwierigkeiten auf Erden entstehen stets aus
    Leichtem.
Alles Große auf Erden entsteht stets aus Geringem.
    Tao te king, S. 80

Yen Hui sprach: »Darf ich fragen, was das Fasten des Herzens ist?«
Kung Dsi sprach: »Dein Ziel sei Einheit! Du hörst nicht mit den Ohren, sondern hörst mit dem Verstand; du hörst nicht mit dem Verstand, sondern hörst mit der Seele. Das äußere Hören darf nicht weiter eindringen als bis zum Ohr; der Verstand darf kein Sonderdasein führen wollen, so wird die Seele leer und vermag die Welt in sich aufzunehmen. Und der Sinn ist's, der diese Leere füllt. Dieses Leersein ist Fasten des Herzens.«
    Blütenland, S. 73

Lass deine Seele wandeln jenseits der Sinnlichkeit, sammle deine Kraft im Nichts, lass allen Dingen ihren freien

Lauf und dulde keine eigenen Gedanken: und die Welt
wird in Ordnung sein.

Blütenland, S. 108

Wenn wir die äußerste Selbstenteignung erreicht,
die Stille unerschütterlich bewahren,
so mögen alle Wesen zugleich sich regen:
wir schauen zu, wie sie wiederkehren.
Der Wesen zahllose Menge entwickelt sich,
doch jedes wendet sich zurück zu seiner Wurzel.
Zurückgewandt sein zur Wurzel: das ist Stille.
Stille: das ist Rückkehr zur Bestimmung.
Rückkehr zur Bestimmung: das ist Ewigkeit.
Die Ewigkeit erkennen: das ist Weisheit.
Wer die Ewigkeit nicht erkennt, der handelt blindlings
    und unheilvoll.
Erkenntnis der Ewigkeit bringet Duldsamkeit.
Duldsamkeit bringet Edelsinn.
Edelsinn bringet Herrschaft.
Herrschaft bringet himmlisches Wesen.
Himmlisches Wesen bringet den Sinn.
Der Sinn bringet Dauer.
Ist das Ich nicht mehr, so gibt es keine Gefahren.

Tao te king, S. 26

Meister Ki von Südweiler saß, den Kopf in den Händen, über seinen Tisch gebeugt da. Er blickte zum Himmel auf und atmete, abwesend, als hätte er die Welt um sich verloren.

Ein Schüler von ihm, der dienend vor ihm stand, sprach: »Was geht hier vor? Kann man wirklich den Leib erstarren machen wie dürres Holz und alle Gedanken auslöschen wie tote Asche? Ihr seid so anders, Meister, als ich Euch sonst über Euren Tisch gebeugt erblickte.«

Meister Ki sprach: »Es ist ganz gut, dass du darüber fragst. Heute habe ich mein Ich begraben. Weißt du, was das heißt? Du hast vielleicht der Menschen Orgelspiel gehört, allein der Erde Orgelspiel noch nicht vernommen. Du hast vielleicht der Erde Orgelspiel gehört, allein des Himmels Orgelspiel noch nicht vernommen.«

Blütenland, S. 51

Wem der große Schritt gelungen, dessen Freude tut sich nicht mehr äußerlich kund; wer seine Freude noch äußerlich zeigt, der ist nicht durchgedrungen zu jenen Ordnungen. Wer sich beruhigt bei jenen Ordnungen und dem Wandel entronnen ist, der geht ein in das grenzenlose All.

Blütenland, S. 103

Du weißt, dass es möglich ist, mit Flügeln zu fliegen, aber du hast noch nicht davon gehört, wie man ohne Flügel fliegen kann. Du kennst die Weisheit, die aus der Erkenntnis entspringt; aber du hast noch nicht davon gehört, dass man auch ohne Erkenntnis weise sein kann. Sieh dort die Öffnung in der Wand! Das ganze leere Zimmer wird dadurch erhellt. (Wer so ist), bei dem verweilen Glück und Segen, aber sie bleiben nicht auf ihn beschränkt. Von einem solchen mag man sagen, dass er imstande ist, alle Fernen zu durchdringen, während er ruhig an seinem Platze verweilt. Er gebraucht sein inneres Auge, sein inneres Ohr, um die Dinge zu durchdringen und bedarf nicht verstandesmäßigen Erkennens. Zu einem solchen kommen die Unsichtbaren, um bei ihm Wohnung zu machen, wie viel mehr erst die Menschen. Auf diese Weise vermag man die Welt zu wandeln. Diese Einflüsse waren es, die selbst die Heiligen der Vorzeit ihr Leben lang gebunden hielten; wie viel mehr erst sind gewöhnliche Sterbliche davon abhängig.

Blütenland, S. 73 f.

Yen Hui sprach: »Ich bin vorangekommen.«

Kung Dsi sprach: »Was meinst du damit?«

Er sagte: »Ich habe Güte und Gerechtigkeit vergessen.«

Kung Dsi sprach: »Das geht an, doch ist's noch nicht das Höchste.«

An einem andern Tag trat er wieder vor ihn und sprach: »Ich bin vorangekommen.«

Kung Dsi sprach: »Was meinst du damit?«

Er sprach: »Ich habe Umgangsformen und Musik vergessen.«

Kung Dsi sprach: »Das geht an, doch ist's noch nicht das Höchste.«

An einem andern Tag trat er wieder vor ihn und sprach: »Ich bin vorangekommen.«

Kung Dsi sprach: »Was meinst du damit?«

Er sagte: »Ich bin zur Ruhe gekommen und habe alles vergessen.«

Kung Dsi sprach bewegt: »Was meinst du damit, dass du zur Ruhe gekommen bist und alles vergessen hast?«

Yen Hui sprach: »Ich habe meinen Leib dahinten gelassen, ich habe abgetan meine Erkenntnis. Fern vom Leib und frei vom Wissen bin ich Eins geworden mit dem, das alles durchdringt. Das meine ich damit, dass ich zur Ruhe gekommen bin und alles vergessen habe.«

Kung Dsi sprach: »Wenn du diese Einheit erreicht hast, so bist du frei von allem Begehren; wenn du dich so gewandelt hast, so bist du frei von allen Gesetzen und bist weit besser als ich, und ich bitte nur, dass ich dir nachfolgen darf.«

Blütenland, S. 104

Ach, wenn dein Herz fest ist, dann magst du untätig weilen beim Nicht-Handeln, und alle Dinge wandeln sich selber. Lass fahren deinen Leib; spei aus deine Sinneseindrücke; werde gleichgültig und vergiss die Außenwelt; komm in Übereinstimmung mit dem Uranfang; löse dein Herz; entlass deinen Geist; kehre zurück ins Unbewusste: dann kehren alle Wesen zurück zu ihrer Wurzel. Sie kehren zurück zu ihrer Wurzel, und du weißt es nicht, und die ungeschiedene Einheit verlassen sie nicht ihr Leben lang. Wenn du das Eine erkennst, so wird das Andere dich verlassen. Darum frage nicht nach dem Namen, spähe nicht nach den Beziehungen, und die Wesen werden von selber Leben haben!

Blütenland, S. 133

Des berufenen Heiligen Stille ist nicht Stille als solche; er ist gut, darum ist er still. Die Dinge der Welt vermögen sein Herz nicht zu stören, darum ist er still. Ist das Wasser stille, so spiegelt es klar jedes Härchen. Die Wasserwaage nimmt der kundige Handwerker zur Richtung. Ist also stilles Wasser klar, wie viel mehr der Geist! Das Herz des Berufenen ist stille; darum ist es der Spiegel von Himmel und Erde ...

Blütenland, S. 155

Die Lehre des großen Mannes gleicht dem Schatten, der dem Körper folgt, dem Echo, das dem Laute folgt. Jede Frage findet ihre Antwort, die die innersten Gedanken trifft. Er weilt jenseits des Tons und handelt jenseits der Pläne. Er nimmt dich und führt dich ans Ziel und bringt dich an deinen Platz durch deine eigne Bewegung. Seine Handlungen haben keine Grenzen. Er geht aus und ein im Jenseitigen und ist ewig wie die Sonne. Will man preisend reden von seiner Gestalt: er ist eins mit der Allgemeinheit. Eins mit der Allgemeinheit hat er kein persönliches Ich. Weil er kein persönliches Ich hat, betrachtet er das Seiende auch nicht als sein eigen. Die auf das Sein achteten, waren die Herrscher der alten Zeit; die auf das Nicht-Sein achten, sind Freunde von Himmel und Erde.

Blütenland, S. 135

Ruhe, Schmacklosigkeit, Gelassenheit, Versinken, Leere, Nicht-Sein, Nicht-Handeln: das ist das Gleichgewicht von Himmel und Erde und das Wesen von Sinn ist Einigung mit himmlischem Leben.

Blütenland, S. 180

Der berufene Heilige lässt ab. Ablassen bringt Gleichgewicht und Leichtigkeit; Gleichgewicht und Leichtigkeit
bringen Ruhe und Schmacklosigkeit. Gleichgewicht und
Leichtigkeit, Ruhe und Schmacklosigkeit: da können Leid
und Schmerzen nicht hinein, und üble Einflüsse vermögen nicht zu überwältigen.

Blütenland, S. 180

Darum, wenn das Herz frei ist von Trauer und Freude:
das ist höchstes Leben. Einsam sein und unwandelbar: das
ist höchste Stille. Kein Widerstreben kennen: das ist
höchste Leere. Nicht mit der Außenwelt verkehren: das ist
höchste Schmacklosigkeit. Frei sein von aller Unzufriedenheit: das ist höchste Echtheit.

Blütenland, S. 180 f.

Ich halte das Nicht-Handeln für wahres Glück, also gerade das, was die Welt für die größte Bitternis hält. Darum
heißt es: Höchstes Glück ist Abwesenheit des Glücks,
höchster Ruhm ist Abwesenheit des Ruhms.

Blütenland, S. 204

Nun ist das, was man Welt nennt, die Einheit aller Geschöpfe. Wer diese Einheit erreicht und mit ihr übereinstimmt, für den ist sein Körper mit allen seinen Gliedern nur Staub und Erde. Leben und Tod, Anfang und Ende sind für ihn wie Tag und Nacht. Sie vermögen ihn nicht zu betören, wie viel weniger wird das, was als Gewinn oder Verlust, als Unglück oder Glück ihm naht, ihn betören können!
Blütenland, S. 231f.

Die Welt als Welt behandeln, aber nicht von der Welt sich zur Welt herabziehen lassen: so ist man aller Verwicklung enthoben.
Blütenland, S. 217

Der Herr der gelben Erde wandelte jenseits der Grenzen der Welt. Da kam er auf einen sehr hohen Berg und schaute den Kreislauf der Wiederkehr. Da verlor er seine Zauberperle. Er sandte Erkenntnis aus, sie zu suchen, und bekam sie nicht wieder. Er sandte Scharfblick aus, sie zu suchen, und bekam sie nicht wieder. Er sandte Denken aus, sie zu suchen, und bekam sie nicht wieder. Da sandte er Selbstvergessen aus. Selbstvergessen fand sie.

Der Herr der gelben Erde sprach: »Seltsam fürwahr, dass gerade Selbstvergessen fähig war, sie zu finden!«

Blütenland, S. 141

Nichts sinnen, nichts denken: so erkennst du den Sinn; nichts tun und nichts lassen; so ruhst du im Sinn; keine Straße wandern: so erlangst du den Sinn.

Blütenland, S. 236

Versuche es, mit mir zu kommen zum Nichts-Tun, zur Einfalt und Stille, zur Versunkenheit und Reinheit, zur Harmonie und Ruhe. Dort sind alle Unterschiede verschwunden. Mein Wille hat kein Ziel, und ich weiß nicht, wohin ich komme. Ich gehe und komme und weiß nicht, wo ich Halt mache. Ich wandere hin und her und weiß nicht, wo es endet. Schwebend überlasse ich mich dem unendlichen Raum.

Blütenland, S. 240

DAS LEIDEN

Nur wer an seinem Leiden leidet,
wird frei von Leiden.
Der Berufene ist frei von Leiden.
Weil er an seinem Leiden leidet,
darum ist er frei von Leiden.
     Tao te king, S. 89

Im Schlafe pflegt die Seele Verkehr. Im Wachen öffnet sich
das körperliche Leben wieder und beschäftigt sich mit
dem, was ihm begegnet, und die widerstreitenden Gefühle
erheben sich täglich im Herzen. Die Menschen sind verstrickt, hinterlistig, verborgen. Aus Furcht vor kleinen
Übeln beben sie ängstlich; ist Großes zu fürchten, so werden sie gänzlich verstrickt. Bald fahren sie zu, wie der Bol-
zen von der Armbrust schnellt: das nennt man Richter sein
über Recht und Unrecht. Bald verharren sie auf etwas wie
auf einem beschworenen Vertrag: das nennt man seine
Überlegenheit festhalten. Unaufhaltsam wie das Sterben

im Herbst und Winter zehren sie täglich immer mehr ihre Kraft aus. Sie ertrinken in ihren Taten, also dass jede Umkehr für sie unmöglich wird. Sie sind zur Unfreiheit verdammt, wie mit Stricken gebunden; so sind sie eingefahren in ihre alten Geleise. Und ist das Herz dann erst dem Tode nahe, lässt es sich nicht zum lichten Leben wiederbringen. Lust und Zorn, Trauer und Freude, Sorgen und Seufzer, Unbeständigkeit und Zögern, Genusssucht und Unmäßigkeit, Hingegebensein an die Welt und Hochmut entstehen wie die Töne in hohlen Röhren, wie feuchte Wärme Pilze erzeugt. Tag und Nacht lösen sie einander ab und tauchen auf, ohne dass (die Menschen) erkennen, woher sie sprossen. Genug! Genug! Früh und spät besitzen wir jenes Etwas, von dem sie in ihrem Entstehen abhängig sind. Ohne jenes Etwas gibt es kein Ich. Ohne Ich gibt es nichts, das sie erfassen könnte. So ist es uns also ganz nahe, wenn wir auch nicht seine Wirkungsart erkennen können. Man muss wohl einen wahren Leiter annehmen, obwohl wir keine äußere Spur von ihm zu erfassen vermögen. Man kann entsprechend seinem eigenen Glauben an ihn handeln, aber nicht seine Gestalt sehen. Er hat Bewusstsein, aber hat keine Gestalt. Da ist mein Leib mit allen seinen Gliedern und Teilen. Welchem nun (von euch Gliedern) soll ich mich am nächsten fühlen? Ihr alle möchtet es gerne? – Dann haben also (die eigenen Körperteile) wohl auch ein Selbst? So sind sie mir gegenüber wie Knechte und Mägde. Aber Knechte und Mägde können nicht einander regieren. Oder besteht zwischen ihnen das Verhältnis von Herren und Knechten? Es muss aber wohl noch ein wahrer Herr da sein. Ob man sein Wesen zu ergründen sucht oder nicht, das fördert oder beeinträchtigt nicht seine Wahrheit. Von dem Zeitpunkt ab, da wir eine fest geprägte Form empfangen haben, bleibt er bestehen bis zum Ende. Aber wenn wir uns mit der Außenwelt beständig ritzen und reiben, so geht (das Leben) zu Ende, als flögen wir dahin, und niemand kann es aufhalten. Ist das nicht traurig? Das ganze Leben sich abmühen, ohne einen fertigen Erfolg zu sehen, sich quälen in erschöpfendem Dienst und nicht wissen, wohin es führt: ist das nicht zu beklagen? Die Leute reden von Unsterblichkeit, aber was hat das für einen Wert? Wenn der Leib sich auflöst, so wird auch die Seele davon betroffen; ist das nicht aufs Tiefste zu beklagen? Ist das Menschenleben wirklich so vom Dunkel umhüllt, oder bin ich nur allein im Dunkeln? Und gibt es andere, die nicht im Dunkel sind?

Blütenland, S. 52 f.

Seit Anbeginn der Weltgeschichte gibt es niemand auf der Welt, der nicht durch die Außendinge sein Wesen verschieben ließe. Der Gemeine gibt sein Leben um des Gewinnes willen, der Richter gibt sein Leben her um des Ruhmes willen; der Heilige gibt sein Leben her um der Welt willen. Alle diese Herren stimmen zwar nicht überein in ihren Beschäftigungen und nehmen einen verschiedenen Rang ein in der Schätzung der Menschen, aber was die Verletzung der Natur und die Preisgabe des Lebens anlangt, darin sind sie sich gleich.

Blütenland, S. 115

Alle Menschen auf der Welt geben ihr Leben preis. Ist das, wofür einer sein Leben hergibt, die Moral, so ist es Sitte, ihn einen großen Mann zu nennen; gibt er sein Leben her für Geld und Gut, so ist es Sitte, ihn einen gemeinen Kerl zu nennen; aber die Preisgabe des Lebens ist dieselbe.

Blütenland, S. 116

Wälder und Wiesen machen uns fröhlich und glücklich; aber noch ehe das Glück zu Ende ist, folgt ihm der Schmerz. Das Kommen von Glück und Schmerz kann ich nicht hindern, ihr Gehen vermag ich nicht aufzuhalten.

Wie traurig ist es doch, dass die Menschen der Welt nur Herbergen sind für die Außendinge! Sie erkennen nur das, was ihnen begegnet; aber sie erkennen nicht, was ihnen nicht begegnet.

Blütenland, S. 243

Die ihr Selbst verlieren an die Außenwelt, die ihr Wesen preisgeben an die andern: das sind verkehrte Leute.

Blütenland, S. 185

Bei der Geburt des Menschen wird das Leid zugleich geboren. Erreicht daher einer ein hohes Alter, so wird er nur stumpf und schwachsinnig, und sein langes Leid stirbt nicht. Was ist das für eine Bitternis! In seiner Sorge um sein Leben bleibt er doch fern vom Ziel.

Blütenland, S. 203

Es gibt keine gefährlichere Waffe als den Willen; auch das schärfste Schwert kommt ihm nicht gleich. Es gibt keine größeren Räuber als die Kraft des Lichten und Trüben. In der ganzen Welt entgeht nichts ihren Wirkungen, und doch sind es nicht diese Kräfte, die uns berauben. Das eigne Herz ist's, das sie zu Räubern macht.

Blütenland, S. 254 f.

TOD UND VERGÄNGLICHKEIT

Der Mensch ist weich und schwach, wenn er geboren
   wird, fest und stark, wenn er stirbt.
Kräuter und Bäume sind weich und saftig, wenn sie entstehen,
dürr und hart, wenn sie sterben.
Denn das Feste und Starke gehört dem Tode,
das Weiche und Schwache gehört dem Leben.
   Tao te king, S. 94

Wie kann ich wissen, dass die Liebe zum Leben nicht Be-
törung ist? Wie kann ich wissen, dass der, der den Tod
hasst, nicht jenem Knaben gleicht, der sich verirrt hatte
und nicht wusste, dass er auf dem Weg nach Hause war?
   Blütenland, S. 61

Der Meister kam in diese Welt, als seine Zeit da war. Der Meister ging aus dieser Welt, als seine Zeit erfüllt war. Wer auf seine Zeit wartet und der Erfüllung harrt, über den haben Freude und Trauer keine Macht mehr. Diesen Zustand nannten die Alten: die Lösung der Bande durch Gott.

Blütenland, S. 67

Die wahren Menschen der Vorzeit kannten nicht die Lust am Geborensein und nicht den Abscheu vor dem Sterben. Ihr Eintritt (in die Welt der Körperlichkeit) war für sie keine Freude, ihr Eingang (ins Jenseits) war ohne Widerstreben. Gelassen gingen sie, gelassen kamen sie. Sie vergaßen nicht ihren Ursprung; sie strebten nicht ihrem Ende zu; sie nahmen ihr Schicksal hin und freuten sich darüber, und (des Todes vergessend) kehrten sie (ins Jenseits) zurück.

Blütenland, S. 94

Was wir ein Ende nehmen sehen, ist nur das Brennholz. Das Feuer brennt weiter. Wir erkennen nicht, dass es aufhört.

Blütenland, S. 67

Das große All trägt uns durch die Form; es schafft uns Mühe durch das Leben; es schafft uns Lösung durch das Alter; es schafft uns Ruhe durch den Tod. So wird (die Kraft), die es gut gemacht hat mit unserem Leben, eben deshalb es auch gut machen mit unserem Sterben.

Blütenland, S. 96

Das ist die große Grundbewegung, dass die Dinge dauernd bestehen. Dass wir gerade in menschlicher Gestalt geformt sind, ist Grund zur Freude; dass aber diese menschliche Gestalt tausend Wandlungen durchmacht, ohne jemals ans Ende zu kommen, das ist unermessliche Seligkeit.

Blütenland, S. 97

Das, was den Tod des Lebens herbeiführt, ist selbst dem Tod nicht unterworfen; das, was das Leben erzeugt, wird selbst nicht geboren. Es ist ein Wesen, das alle Dinge begleitet, das alle Dinge empfängt, das alle Dinge zerstört, das alle Dinge vollendet. Sein Name heißt: Ruhe im Streit.

Ruhe im Streit bedeutet, dass er durch den Streit zur Vollendung kommt.

Blütenland, S. 98

Meister Si, Meister Yü, Meister Li und Meister Lai sprachen untereinander: »Wer ist imstand, das Nichts zum Kopf, das Leben zum Rumpf, das Sterben zum Schwanz zu haben? Wer weiß es, dass Geburt und Tod, Leben und Sterben Ein Ganzes bilden? Mit einem solchen wollen wir Freundschaft schließen.«

Da sahen sich die vier Männer an und lachten, und da sie alle im Herzen damit einverstanden waren, so schlossen sie zusammen Freundschaft. Nicht lange darnach wurde Meister Yü krank. Meister Si ging zu ihm hin, um nach ihm zu sehen. Jener sprach: »Groß ist der Schöpfer, der mich also angefasst hat!«

Ein schlimmes Geschwür war auf seinem Rücken hervorgebrochen mit fünf Löchern. Seine ganze körperliche Verfassung war in Aufruhr, aber im Herzen war er ruhig und unbewegt. Er schleppte sich an den Brunnen, sah sein Spiegelbild im Wasser und sprach: »Ach, wie der Schöpfer mich behandelt hat!«

Meister Si sprach: »Tut es dir leid?«

Jener sprach: »Nein, wie sollte es mir leid tun! Wenn er mich nun auflöst und meinen linken Arm verwandelt in einen Hahn, so werde ich zur Nacht die Stunden rufen; wenn er mich auflöst und verwandelt meinen rechten Arm in eine Armbrust, so werde ich Eulen zum Braten herunterschießen; wenn er mich auflöst und verwandelt meine Hüften in einen Wagen und meinen Geist in ein Pferd, so werde ich ihn besteigen und bedarf keines anderen Gefährtes. Das Bekommen hat seine Zeit, das Verlieren ist der Lauf der Dinge. Wer es versteht, mit der ihm zugemessenen Zeit zufrieden zu sein und sich zu fügen in den Lauf der Dinge, dem vermag Freude und Leid nichts anzuhaben. Ich nahe mich jetzt dem Augenblick, den die Alten bezeichnet haben als Lösung der Bande. Der Gebundene kann sich nicht selber lösen; die Verhältnisse binden ihn, aber die Verhältnisse sind nicht stärker als die Natur. Das ist von jeher so gewesen. Was sollte mir dabei leid tun?«
Blütenland, S. 98 f.

Das Dasein aller Dinge eilt dahin wie ein rennendes Pferd. Keine Bewegung, ohne dass sich etwas wandelte; keine Zeit, ohne dass sich etwas änderte. Was du da tun sollst, was nicht tun? Einfach der Wandlung ihren Lauf lassen!
Blütenland, S. 194

Die Frau des Dschuang Dsi war gestorben. Hui Dsi ging hin, um ihm zu kondolieren. Da saß Dschuang Dsi mit ausgestreckten Beinen auf dem Boden, trommelte auf einer Schüssel und sang.

Hui Dsi sprach: »Wenn eine Frau mit einem zusammen gelebt hat, Kinder aufgezogen hat und im Alter stirbt, dann ist es wahrlich schon gerade genug, wenn der Mann nicht um sie klagt. Nun noch dazuhin auf einer Schüssel zu trommeln und zu singen, ist das nicht gar zu bunt?«

Dschuang Dsi sprach: »Nicht also! Als sie eben gestorben war, (denkst du), dass mich da der Schmerz nicht auch übermannt habe? Aber als ich mich darüber besann, von wannen sie gekommen war, da erkannte ich, dass ihr Ursprung jenseits der Geburt liegt; ja nicht nur jenseits der Geburt, sondern jenseits der Leiblichkeit; ja nicht nur jenseits der Leiblichkeit, sondern jenseits der Wirkungskraft. Da entstand eine Mischung im Unfassbaren und Unsichtbaren, und es wandelte sich und hatte Wirkungskraft; die Wirkungskraft verwandelte sich und hatte Leiblichkeit; die Leiblichkeit verwandelte sich und kam zur Geburt. Nun trat abermals eine Verwandlung ein, und es kam zum Tod. Diese Vorgänge folgen einander wie Frühling, Sommer, Herbst und Winter, als der Kreislauf der vier Jahreszeiten. Und nun sie da liegt und schlummert in der großen Kammer, wie sollte ich da mit Seufzen und Klagen sie beweinen? Das hieße das Schicksal nicht verstehen. Darum lasse ich ab davon.«

Blütenland, S. 204 f.

Dschuang Dsi sah einst unterwegs einen leeren Totenschädel, der zwar gebleicht war, aber seine Form noch hatte.

Er tippte ihn an mit seiner Reitpeitsche und begann also ihn zu fragen: »Bist du in der Gier nach Leben von dem Pfade der Vernunft abgewichen, das du in diese Lage kamst? Oder hast du ein Reich zugrunde gebracht und bist mit Beil oder Axt hingerichtet worden, das du in diese Lage kamst? Oder hast du einen üblen Wandel geführt und Schande gebracht über Vater und Mutter, Weib und Kind, dass du in diese Lage kamst? Oder bist du durch Kälte und Hunger zugrunde gegangen, dass du in diese Lage kamst? Oder bist du, nachdem des Lebens Herbst und Lenz sich geendet, in diese Lage gekommen?«

Als er diese Worte geendet, da nahm er den Schädel zum Kissen und schlief.

Um Mitternacht erschien ihm der Schädel im Traum und sprach: »Du hast da geredet wie ein Schwätzer. Alles, was du erwähnst, sind nur Sorgen der lebenden Menschen. Im Tode gibt es nichts derart. Möchtest du etwas vom Tode reden hören?

Dschuang Dsi sprach: »Ja.«

Der Schädel sprach: »Im Tode gibt es weder Fürsten noch Knechte und nicht den Wechsel der Jahreszeiten. Wir lassen uns treiben, und unser Lenz und Herbst sind die Bewegungen von Himmel und Erde. Selbst das Glück eines Königs auf dem Throne kommt dem unseren nicht gleich.«

Dschuang Dsi glaubte ihm nicht und sprach: »Wenn ich den Herrn des Schicksals vermöchte, dass er deinen Leib wieder zum Leben erweckt, dass er dir wieder Fleisch und Bein und Haut und Muskeln gibt, dass er dir Vater und Mutter, Weib und Kind und alle Nachbarn und Bekannten zurückgibt, wärst du damit einverstanden?«

Der Schädel starrte mit weiten Augenhöhlen, runzelte die Stirn und sprach: »Wie könnte ich mein königliches Glück wegwerfen, um wieder die Mühen der Menschenwelt auf mich zu nehmen?«

Blütenland, S. 205 f.

Wenn das Leben kommt, so lässt es sich nicht abweisen; wenn es geht, so lässt es sich nicht festhalten.

Blütenland, S. 208

Himmel und Erde sind Vater und Mutter aller Geschöpfe: vereinigen sie sich, so entsteht ein leibliches Gebilde; trennen sie sich wieder, so entsteht der Anfang zu etwas Neuem.

Blütenland, S. 209

Wer in seinem Körperlichen gestaltet das Unkörperliche, der hat einen festen Halt. Er geht hervor aus dem Unbedingten und dringt ein ins Unteilbare ... Was erfüllt ist ohne Unterbrechung, ist der Raum, was dauert ohne Anfang und Ende, ist die Zeit; was existiert im Leben, was existiert im Tod, was existiert im Ausgehen, was existiert im Eingehen, was aus- und eingeht, ohne dass man seine Gestalt sehen könnte: das ist die Ewigkeit.

Blütenland, S. 2

Das Leben des Menschen auf Erden ist schnell vorüber wie der Schein eines weißen Rosses, der durch eine Spalte fällt; im Augenblick ist es vergangen. Schäumend und wild treten sie alle ins Leben ein; sachte und glatt gehen sie alle wieder hinaus. Sie machen einen Wandel durch und werden geboren; ein weiterer Wandel, und sie sterben. Die lebenden Geschöpfe trauern darob, der Menschen Geschlechter klagen darum, und doch lösen sich nur die Schranken der Natur und fallen ab die Hüllen der Natur. Verwirrt und geblendet fährt die Seele dahin, und der Leib folgt ihr nach. Das ist die große Heimkehr. Dass das Sichtbare aus dem Unsichtbaren kommt und wieder zurückkehrt zum Unsichtbaren, ist etwas, das alle Menschen wissen. Aber es macht dem, der im Begriff ist, ans Ziel zu kommen, keine Sorgen. Es ist etwas, worüber alle Menschen reden, aber wer das Ziel erreicht hat, redet nicht darüber. Wer darüber redet, der ist noch nicht am Ziel. Es hat keinen Wert, deutlich sehen zu wollen; darum ist besser als Beweisen das Schweigen. Den Sinn kann man nicht vernehmen; darum ist besser als Horchen die Ohren zu schließen. Das ist das große Erreichen.

Blütenland, S. 239

Dschuang Dsi lag im Sterben und seine Jünger wollten ihn prächtig bestatten.

Dschuang Dsi sprach: »Himmel und Erde sind mein Sarg, Sonne und Mond leuchten mir als Totenlampen, die Sterne sind meine Perlen und Edelsteine, und die ganze Schöpfung gibt mir das Trauergeleite. So habe ich doch ein prächtiges Begräbnis! Was wollt ihr da noch hinzufügen?«

Die Jünger sprachen: »Wir fürchten, die Krähen und Weihen möchten den Meister fressen.«

Dschuang Dsi sprach: »Unbeerdigt diene ich Krähen und Weihen zur Nahrung, beerdigt den Würmern und Ameisen. Den einen es nehmen, um es den andern zu geben: warum so parteiisch sein?«

Blütenland, S. 255

HERRSCHER UND UNTERTAN

Herrscht ein ganz Großer, so weiß das Volk
nur eben, dass er da ist.
Mindere werden geliebt und gelobt,
noch Mindere werden gefürchtet,
noch Mindere werden missachtet.
Vertraut man nicht genug,
so findet man kein Vertrauen.
Wie überlegt waren jene im Werten ihrer Worte!
Die Werke wurden vollbracht, die Arbeit wurde getan,
und die Leute im Volk dachten alle:
»Wir sind selbständig.«
Tao te king, S. 27

Das Gewichtige ist des Leichten Wurzel.
Die Stille ist der Unruhe Herr.

Also auch der Edle:
Er wandert den ganzen Tag,

ohne sich vom schweren Gepäck zu trennen.
Mag er auch alle Herrlichkeiten vor Augen haben:
Er weilt zufrieden in seiner Einsamkeit.
Wie viel weniger erst darf der Herr des Reiches
in seinem Selbst den Erdkreis leicht nehmen!
Durch Leichtnehmen verliert man die Wurzel.
Durch Unruhe verliert man die Herrschaft.

    Tao te king, S. 37

Der Sinn ist ewig ohne Handeln,
und nichts bleibt ungewirkt.
Wenn Fürsten und Könige ihn zu wahren verstünden,
so würden alle Geschöpfe von selber sich gestalten.
Und wenn beim Gestalten die Wünsche sich regten,
so würde ich sie zügeln durch Einfalt ohne Namen.
Die Einfalt ohne Namen führt zur Wunschlosigkeit.
Die Wunschlosigkeit führt zur Stille:
So wird die Welt von selber recht.

    Tao te king, S. 49

Darum spricht ein Berufener:
Ich handle nicht, und das Volk wandelt sich von selbst.
Ich liebe die Stille, und das Volk wird von selber recht.
Ich habe keine Geschäfte, und das Volk wird von selber
    reich.
Ich habe keine Begierden, und das Volk wird von selber
    einfach.

Tao te king, S. 74

Ist man beim Herrschen zurückhaltend und zögernd,
so ist das Volk ehrlich und einfach.
Will man beim Herrschen alles untersuchen und auf-
    spüren,
so zeigt das Volk nur Mängel und Fehler.
Das Leid ist es, von dem das Glück abhängt.
Das Glück ist es, auf das das Leiden lauert.
Wer erkennt aber, dass es das Höchste ist,
wenn nicht geordnet wird?
Denn sonst verkehrt die Ordnung sich in Wunderlich-
    keiten,
und das Gute verkehrt sich in Aberglaube.
Und die Tage der Verblendung des Volkes dauern
    wahrlich lange.

Also auch der Berufene:
Er ist Vorbild, ohne zu beschneiden.
Er ist gewissenhaft, ohne zu verletzen.
Er ist echt, ohne Willkürlichkeiten.
Er ist licht, ohne zu blenden.
Tao te king, S. 75

Bei der Leitung der Menschen, beim Dienste des
    Himmels
gibt es nichts Besseres als die Beschränkung.
Denn nur die Beschränkung führt zu zeitigem Nach-
    geben.
Durch zeitiges Nachgeben sammelt man reiche Schätze
    des Lebens.
Durch Sammeln von reichen Schätzen des Lebens ist
    man jeder Lage gewachsen.
Ist man jeder Lage gewachsen, so kennt niemand unsere
    Grenzen.
Kennt niemand unsere Grenzen, so sind wir fähig, das
    Reich zu besitzen.
Wer über die erzeugenden Kräfte des Reiches verfügt,
der ist fähig, dauernd zu bestehen.

Das ist die tiefe Wurzel und der feste Grund,
der Sinn ewigen Daseins und unendlichen Schauens.

Tao te king, S. 76

Auf der ganzen Welt gibt es nichts Weicheres als das
Wasser.
Und doch in der Art, wie es dem Harten zusetzt, kommt
nichts ihm gleich.
Es kann durch nichts verändert werden.
Dass Schwaches das Starke besiegt
und Weiches das Harte besiegt,
weiß jedermann auf Erden,
aber niemand vermag danach zu handeln.

Also auch hat ein Berufener gesagt:
»Wer den Schmutz des Reiches auf sich nimmt,
der ist der Herr bei den Erdopfern.
Wer das Unglück des Reiches auf sich nimmt,
der ist der König der Welt.«
Wahre Worte sind wie umgekehrt.

Tao te king, S. 96

Darum, wenn ein großer Mann gezwungen ist, sich mit der Regierung der Welt abzugeben, so ist am besten das Nicht-Handeln. Durch Nicht-Handeln kommt man zum ruhigen Abfinden mit den Verhältnissen der Naturordnung. Darum, wem sein (wahres) Ich wichtiger ist als die Herrschaft über die Welt, dem kann man die Welt übergeben. Wenn der Herrscher es fertig bringt, sein Inneres nicht zu zerteilen, seinen Scharfsinn nicht zu gebrauchen, dann weilt er wie ein Leichnam, und ungeheure Wirkungen zeigen sich; er ist in abgrundtiefes Schweigen gehüllt und erschüttert doch (die Welt); sein Geist bewegt sich, und die Natur folgt ihm; er lässt sich gehen und handelt nicht, und alle Wesen drängen sich um ihn zusammen. Wie sollte ein solcher noch Muße haben, die Welt zu ordnen!

Blütenland, S. 128

Das Leben der Herrscher und Könige hat Himmel und Erde zum Vorbild, hat Sinn und Leben zum Herren, hat das Nicht-Handeln zum Gesetz. Wer nicht handelt, dem steht die Welt zur Verfügung und er hat Überfluss. Wer handelt, der steht der Welt zur Verfügung und hat Mangel.

Blütenland, S. 156

Die das Erdreich besitzen, besitzen ein großes Ding. Wer ein großes Ding besitzt, darf sich nicht durch die Dinge selbst zum Ding machen lassen. Weil er selbst nicht als Ding erscheint, darum kann er die Dinge als Dinge behandeln. Wer es durchschaut hat, dass, was die Dinge zu Dingen macht, nicht selbst ein Ding ist, dessen Macht beschränkt sich nicht darauf, nur die Leute auf der Welt in Ordnung bringen zu können. Er geht aus und ein in der Räumlichkeit und wandelt durch die Welt. Er ist frei in seinem Gehen und Kommen, von ihm kann man sagen, dass er (die Welt) zur freien Verfügung hat. Ein Mensch, der so (die Welt) zur freien Verfügung hat, der besitzt den höchsten Adel.

Blütenland, S. 134 f.

Wenn die Herrscher täglich betrügen, wie kann man da erwarten, das die Untertanen nicht betrügen? Wo die Kraft nicht ausreicht, da muss man betrügen; wo das Wissen nicht ausreicht, da muss man lügen; wo der Besitz nicht ausreicht, da muss man rauben. Alle die Taten der Diebe und Räuber, wem fallen sie in Wirklichkeit zur Last?

Blütenland, S. 278

Wer tüchtig ist als Hauptmann, ist nicht kriegerisch.
Wer tüchtig ist als Kämpfer, ist nicht zornig.
Wer tüchtig ist den Feind zu besiegen, der streitet nicht
  mit ihm.
Wer tüchtig ist im Verwenden der Menschen, der hält
  sich unten.
Das ist das Leben der Friedfertigkeit, das ist die Fähigkeit,
  Menschen zu verwenden, das ist die Gemeinsamkeit
  mit dem Himmel: des Altertums höchstes Ziel.
  Tao te king, S. 86

Auch die schönsten Waffen sind unheilbringende Geräte,
und die Geschöpfe hassen sie wohl.
Darum: Wer den Sinn hat, weilt nicht dabei.
  Tao te king, S. 42

Beim Kriegshandwerk gibt es ein Sprichwort:
Besser ist es, den Gast zu spielen als den Herrn.
Besser ist es, einen Fußbreit zurückzuweichen, als einen
Zollbreit vorzugehen.

Das heißt vorankommen, ohne vorzurücken,
heißt zurückdrängen, ohne die Arme zu regen,
heißt werfen, ohne anzugreifen,
heißt festhalten, ohne die Waffen zu brauchen.
Es gibt kein größeres Übel als leichthin anzugreifen.
Wer leichthin angreift, verliert gar leicht meine Schätze.
Darum: wo zwei Armeen kämpfend aufeinandertreffen,
da siegt der, der es schweren Herzens tut.

Tao te king, S. 87

DIE UNMÖGLICHKEIT WELTLICHER
ERKENNTNIS

Der große Sinn ward verlassen:
so gab es Sittlichkeit und Pflicht.
Klugheit und Erkenntnis kamen auf:
so gab es die großen Lügen.
Tao te king, S. 28

Gebt auf die Heiligkeit, werft weg die Erkenntnis:
Und das Volk wird hundertfach gewinnen!
Gebt auf die Sittlichkeit, werft weg die Pflicht:
Und das Volk wird zurückkehren zu Familiensinn und
    Liebe!
Gebt auf die Kunst, werft weg den Gewinn:
Und Diebe und Räuber wird es nicht mehr geben!
In diesen drei Stücken ist der schöne Schein nicht aus-
    reichend.
So sorgt, dass die Menschen etwas haben, woran sie sich
    halten können!

Zeigt Einfachheit, haltet fest an der Lauterkeit:
so mindert sich die Selbstsucht, so verringern sich die
    Begierden.
    Tao te king, S. 29

Gebt auf eure Gelehrsamkeit:
so werdet ihr frei von Sorgen!
Zwischen Ja und Jawohl: was ist da für ein Unterschied?
Zwischen Gut und Böse: was ist da für ein Unterschied?
    Tao te king, S. 30

Wer im Forschen wandelt, nimmt täglich zu.
Wer im Sinne wandelt, nimmt täglich ab.
Er verringert sein Tun und verringert es immer mehr,
bis er anlangt beim Nicht-Tun.
Beim Nicht-Tun bleibt nichts ungetan.
Das Reich erlangen kann man nur,
wenn man immer frei bleibt von Geschäftigkeit.
Die Vielbeschäftigten sind nicht geschickt das Reich zu
    erlangen.
    Tao te king, S. 65

Wissen, dass man nichts weiß, ist das Höchste.
Nichtwissen für Wissen achten, ist Leiden.
  Tao te king, S. 89

Darum, jedes einzelne Mal, wenn die Welt in große Unordnung kommt, so ist die Schuld daran die Überschätzung der Erkenntnis. Wenn alle Menschen auf der Welt nur davon wissen wollen, nach dem zu streben, was sie nicht wissen, und nichts davon wissen wollen, zu streben nach dem, was sie schon wissen, und alle nur davon wissen wollen, zu tadeln, was sie nicht für gut finden, und nichts davon wissen wollen, zu tadeln, was sie für gut halten, so führt das zu den größten Unordnungen. Dadurch verfinstert sich der Schein von Sonne und Mond, dadurch versiegt die Lebenskraft von Berg und Fluss, dadurch verwirrt sich der Gang der Jahreszeiten. Bis hinunter zum kleinsten Würmchen und zur kleinsten Fliege verliert alles seine wahre Natur. Also verwirrt die Überschätzung der Erkenntnis die Welt. So geht es nun seit Anbeginn der Weltgeschichte: man vernachlässigt das einfache, arbeitsame Volk und ergötzt sich am Geschwätz unruhiger Köpfe. Man wendet sich ab vom anspruchslosen Nichthandeln

und ergötzt sich an gleißenden Ideen. Durch diese Gleiß-
nerei kommt die Welt in Unordnung.

Blütenland, S. 124

Die ihre Natur verbessern wollen durch weltliches Lernen, um dadurch ihren Anfangszustand zu erreichen; die
ihre Wünsche regeln wollen durch weltliches Denken, um
dadurch Klarheit zu erreichen, sind betörte und betrogene
Leute.

Blütenland, S. 182 f.

Die Weisheit der Streber beschränkt sich auf die Mittel
zur Erreichung guter Verbindungen; sie verkümmern ihren Geist in Nichtigkeiten und möchten doch gleichzeitig
die Welt beherrschen. Aber das große Eine ist unsichtbar.
Was jene betreiben, führt sie nur irre in der Welt der Sicht-
barkeit. Sie sind äußerlich verstrickt und erkennen nicht
den großen Uranfang. Der höchste Mensch wendet seinen
Geist zurück zur Ewigkeit und genießt die Geheimnisse

des Jenseits. Er ist wie das Wasser, das fließt, ohne Formen anzunehmen. Er ergießt sich in die große Ur-Reinheit. Wehe euch, deren Erkenntnis sich abmüht mit Haarspaltereien und die ihr die große Ruhe nicht erkennt!

Blütenland, S. 292

Die aber das durch Lernen erreichen wollen, lernen an etwas, das sie nicht lernen können; die das ausüben wollen, bemühen sich um etwas, das sie nicht ausüben können; die das beweisen wollen, suchen etwas zu beweisen, das sich nicht beweisen lässt. Wer mit seinem Erkennen haltmacht vor dem, was man nicht erkennen kann, der hat's erreicht.

Blütenland, S. 254

Mit einem Brunnenfrosch kann man nicht über das Meer reden, er ist beschränkt auf sein Loch. Mit einem Sommervogel kann man nicht über das Eis reden, er ist begrenzt durch seine Zeit. Mit einem Fachmann kann man nicht vom Leben reden, er ist gebunden durch seine Lehre.

Blütenland, S. 189

Der Himmel ist das Absolute. Ihm folgt das Licht. Er ist die Achse, um die sich das Urgeheimnis dreht. Er ist das andere, das im Anfang ist. Darum ist seine Entfaltung gleichsam Nicht-Entfaltung, seine Erkenntnis gleichsam Nicht-Erkenntnis. Durch Verzicht auf Erkenntnis erst kann man ihn erkennen.

Blütenland, S. 272

Fischreusen sind da um der Fische willen; hat man die Fische, so vergisst man die Reusen. Hasennetze sind da um der Hasen willen; hat man die Hasen, so vergisst man die Netze. Worte sind da um der Gedanken willen; hat man den Gedanken, so vergisst man die Worte. Wo finde ich einen Menschen, der die Worte vergisst, auf dass ich mit ihm reden kann?

Blütenland, S. 292

KONFUZIUS

SITTLICHKEIT UND GUTES LEBEN

Der Meister sprach: »Glatte Worte und einschmeicheln-
de Mienen sind selten vereint mit Sittlichkeit*.«

Gespräche, S. 68

Der Meister sprach: »Reichtum und Ehre sind es, was die
Menschen wünschen; aber wenn sie einem unverdient
zuteil werden, so soll man sie nicht festhalten. Armut und
Niedrigkeit sind es, was die Menschen hassen; aber wenn
sie einem unverdient zuteil werden, so soll man sie nicht
loszuwerden suchen. Ein Edler, der von der Sittlichkeit
lässt, entspricht nicht dem Begriff (des Edlen). Der Edle
übertritt nicht während der Dauer einer Mahlzeit die
[Gesetze der] Sittlichkeit. In Drang und Hitze bleibt er

---

* Die ›Sittlichkeit‹, also das moralisch richtige Handeln, ist ein zentraler Begriff der konfuzianischen Philosophie; denn nur wenn jeder Einzelne sich an die Regeln der Sittlichkeit hält, kann die Gesellschaft in Harmonie und Ordnung kommen, was für Konfuzius
eines der höchsten Ziele darstellte.

unentwegt dabei, in Sturm und Gefahr bleibt er unentwegt dabei.«

Gespräche, S. 101

Der Meister sprach: »Ohne Sittlichkeit kann man nicht dauernde Bedrängnis ertragen, noch kann man langen Wohlstand ertragen. Der Sittliche findet in der Sittlichkeit Frieden, der Weise achtet die Sittlichkeit für Gewinn.«

Gespräche, S. 100

Yän Yüan fragte nach (dem Wesen) der Sittlichkeit.
Der Meister sprach: »Sich selbst überwinden und sich den Gesetzen der Schönheit zuwenden: dadurch bewirkt man Sittlichkeit. Einen Tag sich selbst überwinden und sich den Gesetzen der Schönheit zuwenden: so würde die ganze Welt sich zur Sittlichkeit kehren. Sittlichkeit zu bewirken, das hängt von uns selbst ab; oder hängt es etwa von den Menschen ab?«
Yän Yüan sprach: »Darf ich um Einzelheiten davon bitten?«

Der Meister sprach: »Was nicht dem Gesetz der Schönheit entspricht, darauf schaue nicht; was nicht dem Gesetz der Schönheit entspricht, darauf höre nicht; was nicht dem Schönheitsideal entspricht, davon rede nicht; was nicht dem Schönheitsideal entspricht, das tue nicht.«
Yän Yüan sprach: »Obwohl meine Kraft nur schwach ist, will ich mich doch bemühen, nach diesem Wort zu handeln.«

Gespräche, S. 186

Der Meister sprach: »Wenn der Wille auf die Sittlichkeit gerichtet ist, so gibt es kein Böses.«

Gespräche, S. 100

Der Meister sprach: »Mache Treu und Glauben zur Hauptsache, habe keinen Freund, der dir nicht gleich ist. Hast du Fehler, scheue dich nicht, sie zu verbessern.«

Gespräche, S. 166

Fan Tschi wandelte (mit dem Meister) unter dem Regenaltar; er sprach: »Darf ich fragen, wie man sein Wesen erhöhen, seine geheimen Fehler bessern und Unklarheiten unterscheiden kann?«

Der Meister sprach: »Das ist eine gute Frage! Erst die Arbeit, dann der Genuss: wird dadurch nicht das Wesen erhöht? Seine eignen Sünden bekämpfen und nicht die Sünden der andern bekämpfen: werden nicht dadurch die geheimen Fehler gebessert? Um des Zorns eines Morgens willen seine eigne Person vergessen und seine Angehörigen in Verwicklungen bringen: ist das nicht Unklarheit?«

Gespräche, S. 199

Der Meister sprach: »Weisheit macht frei von Zweifeln, Sittlichkeit macht frei von Leid, Entschlossenheit macht frei von Furcht.«

Gespräche, S. 167

Dschung Gung fragte nach (dem Wesen) der Sittlichkeit. Der Meister sprach: »Trittst du zur Tür hinaus, so sei wie beim Empfang eines geehrten Gastes. Gebrauchst du das Volk, so sei wie beim Darbringen eines großen Opfers. Was du selbst nicht wünschest, das tue nicht den Menschen an. So wird es in dem Land keinen Groll (gegen dich) geben, so wird es im Hause keinen Groll (gegen dich) geben.«

Dschung Gung sprach: »Obwohl meine Kraft nur schwach ist, will ich mich doch bemühen, nach diesem Wort zu handeln.«

Gespräche, S. 187

Si Ma Niu fragte nach (dem Wesen) der Sittlichkeit. Der Meister sprach: »Der Sittliche ist langsam in seinen Worten.«

Er antwortete: »Langsam in seinen Worten sein: das heißt Sittlichkeit?« –

Der Meister antwortete: »Wer beim Handeln die Schwierigkeiten sieht: kann der in seinen Worten anders als langsam sein?«

Gespräche, S. 188

Fan Tschi fragte nach (dem Wesen) der Sittlichkeit.

Der Meister sprach: »Wenn du (allein) weilst, sei ernst, wenn du Geschäfte besorgst, sei ehrfürchtig, wenn du mit andern verkehrst, sei gewissenhaft. Selbst wenn du zu den Barbaren des Ostens oder Nordens kommst, darfst du dieses (Betragen) nicht verlassen.«

Gespräche, S. 211

Der Meister sprach: »Feste Entschlossenheit, verbunden mit einfacher Wortkargheit, steht der Sittlichkeit nahe.«

Gespräche, S. 215

Dsi Gung fragte, (was man tun müsse) um sittlich vollkommen zu werden.

Der Meister sprach: »Ein Arbeiter, der seine Arbeit recht machen will, muss erst seine Werkzeuge schleifen. Wenn du in einem Lande wohnst, so diene dem Würdigsten unter seinen Großen und mache dir die Besten unter seinen Gelehrten zu Freunden.«

Gespräche, S. 241

Dsi Gung fragte und sprach: »Gibt es ein Wort, nach dem man das ganze Leben hindurch handeln kann?«
Der Meister sprach: »Die Nächstenliebe. Was du selbst nicht wünschest, tu nicht an andern.«

Gespräche, S. 245

Der Meister sprach: »Wo alle hassen, da muss man prüfen; wo alle lieben, da muss man prüfen.«

Gespräche, S. 247

Meister Kung* sprach: »Es gibt dreierlei Freuden, die von Nutzen sind, und dreierlei Freuden, die von Übel sind: Freude an der Selbstbeherrschung durch Kultur und Kunst, Freude am Reden über andrer Tüchtigkeit, Freude an vielen würdigen Freunden: das ist von Nutzen. Freude an Luxus, Freude am Umherstreichen, Freude an Schwelgerei: das ist von Übel.«

Gespräche, S. 256

* Konfuzius

Der Meister sprach: »Einen Fehler machen und sich nicht erst bessern: das heißt fehlen.«

Gespräche, S. 247

Der Meister sprach: »Die Sittlichkeit ist jedes Menschen Pflicht. Hier darf man (sogar) dem Lehrer nicht den Vortritt lassen.«

Gespräche, S. 250

Lieber Armut mit Anstand als Reichtum mit Gemeinheit. Lieber sterben in Ehren als leben in Schande. Wenn sich die Schande vermeiden lässt, so vermeide man sie. Wenn man sie nicht vermeiden kann, so sieht der Edle im Tod die Heimkehr.

Riten, S. 174

Der Meister hat gesagt: »Der Gütige ist das Vorbild der Welt, der Gerechte ist die Regel für die Welt, der Dankbare ist der Gewinn für die Welt.«

Riten, S. 209

Der Meister sprach: »Wenn man Liebe mit Liebe vergilt, so wirkt das anfeuernd auf die Menschen; wenn man Hass mit Hass vergilt, so lassen die Menschen sich das zur Warnung dienen ... Wer Hass mit Liebe vergilt, der schafft seiner eigenen Güte einen breiten Wirkungskreis. Wer Liebe mit Hass vergilt, der ist ein Mensch, der für den Galgen reif ist.«

Riten, S. 209

Der Meister sprach: »Im innersten Herzen in der Güte ruhen, das kommt auf Erden äußerst selten vor ... Wer das erreichen will, der muss sich auf den Weg machen und wandern, ob er auch auf halbem Wege zusammenbricht. Er vergisst sein Alter und kümmert sich nicht darum, ob seiner Jahre Zahl ausreicht (um das Ziel zu erreichen).

Den Blick aufs Ziel gerichtet, gibt er sich täglich alle Mühe, und erst im Tode hört er auf.«

Riten, S. 211

Sei niemals ohne Ehrfurcht, dein Äußeres sei ernst und nachdenkend, deine Worte seien ruhig und fest. So kann man den Menschen Sicherheit geben. Lass nicht den Hochmut wachsen, folge nicht den Trieben, suche nicht, deine Wünsche restlos zu erfüllen, in der Freude gehe nicht bis zum Äußersten. Ein Weiser kann mit jemand vertraut sein, ohne die Sorgfalt zu verlieren, kann jemand fürchten und doch lieben, kann jemand lieben und doch seine Fehler kennen, kann jemand hassen und doch seine Vorzüge kennen. Er kann Güter sammeln und doch freigebig sein. Er kann gelassen und ruhig und doch entschlossen sein.

Riten, S. 374

Der Meister sprach: »Maß und Mitte sind der Höhepunkt menschlicher Naturanlage. Aber unter dem Volk sind sie seit lange selten.«

Gespräche, S. 129

Der Meister sprach: »Gewöhnliche Speise zur Nahrung, Wasser als Trank und den gebogenen Arm als Kissen: auch dabei kann man fröhlich sein; aber ungerechter Reichtum und Ehren dazu sind für mich nur flüchtige Wolken.«

Gespräche, S. 137

Der Meister sprach: »Arm sein, ohne zu murren, ist schwer. Reich sein, ohne hochmütig zu werden, ist leicht.«

Gespräche, S. 222

Der Herzog sprach: »Darf ich fragen: Was heißt seine Persönlichkeit vollenden?«

Meister Kung sprach: »In allen Dingen nicht zu weit gehen. (Nicht zu weit gehen in allen Dingen heißt mit dem Weg des Himmels übereinstimmen.)«

Riten, S. 260

Was der Himmel (dem Menschen) bestimmt hat, ist sein Wesen. Was dieses Wesen (zum Rechten) leitet, ist der Weg. Was den Weg ausbildet, ist die Erziehung. Der Weg darf nicht einen Augenblick verlassen werden. Dürfte er verlassen werden, so wäre es nicht der Weg. Darum ist der Edle vorsichtig gegenüber dem, das er nicht sieht, und besorgt gegenüber dem, das er nicht hört. Es gibt nichts Offenbareres als das Geheime, es gibt nichts Deutlicheres als das Allerverborgenste; darum ist der Edle vorsichtig in dem, was er allein für sich ist. Der Zustand, da Hoffnung und Zorn, Trauer und Freude sich noch nicht regen, heißt die Mitte. Der Zustand, da sie sich äußern, aber in allem den rechten Rhythmus treffen, heißt Harmonie. Die Mitte ist die große Wurzel aller Wesen auf Erden, die Harmonie ist der zum Ziel führende Weg auf Erden. Bewirke Harmonie der Mitte, und Himmel und Erde kommen an ihren rechten Platz, und alle Dinge gedeihen.

Riten, S. 32 f.

Der Meister sprach: »Die Überschreitungen eines jeden Menschen entsprechen seiner Wesensart. Dadurch, dass man seine Überschreitungen sieht, kann man einen Menschen erkennen.«

Gespräche, S. 102

Der Meister sprach: »Sieh, was einer wirkt, schau, wovon er bestimmt wird, forsche, wo er Befriedigung findet: Wie kann ein Mensch da entwischen?«

Gespräche, S. 79

Was sich im Innern erhebt, das breitet sich aus im Äußern. Darum heißt es: Aus dem, was offenbar ist, kann man schließen auf das, was verborgen ist. So heißt es: Hört man die Worte eines Menschen, so kann man daraus erkennen, was er gern hat. Sieht man, wohin seine Reden fließen, so kann man erkennen, was seine Absichten sind. Wenn er auf die Dauer folgerichtig bleibt, so kann man erkennen, dass er zuverlässig ist. Wenn man schaut, wen er liebt und an wen er anhänglich ist, so kann man erkennen, was er als Mensch ist.

Riten, S. 158

Der Meister sprach: »Nicht wahr, Schen, meine ganze Lehre ist in Einem befasst.«
Meister Dsong sprach: »Ja.«

Als der Meister hinaus war, fragten seine Schüler und sprachen: »Was bedeutet das?«
Meister Dsong sprach: »Unsres Meisters Lehre ist Treue gegen sich selbst und Gütigkeit gegen andre: darin ist alles befasst.«

Gespräche, S. 105

Der Meister sprach: »Einem Heer von drei Armeen kann man seinen Führer nehmen; dem geringsten Mann aus dem Volk kann man nicht seinen Willen nehmen.«

Gespräche, S. 166

Der Meister sprach: »In der Frühe die Wahrheit vernehmen und des Abends sterben: das ist nicht schlimm.«

Gespräche, S. 103

DER EDLE MENSCH

Der Meister sprach: »Der Edle* ist vollkommen und nicht engherzig. Der Gemeine ist engherzig und nicht vollkommen.«

Gespräche, S. 80

Der Meister sprach: »Der Edle kennt keinen Streit. Oder ist es beim Bogenschießen vielleicht notwendig? Da lässt er mit einer Verbeugung dem andern den Vortritt beim Hinaufsteigen. Er steigt wieder herab und lässt ihn trinken. Er bleibt auch im Streit ein Edler.«

Gespräche, S. 90

* Die vier Grundtugenden der konfuzianischen Lehre sind *Mitmenschlichkeit*, *Gerechtigkeit*, *Kindliche Pietät* und das *Einhalten der Riten*. Darum soll das Streben des Menschen darauf gerichtet sein, sich diese Tugenden anzueignen. Der Begriff des ›Edlen‹ bezeichnet das Ideal eines Menschen, der nach konfuzianischem Maßstab vollkommen tugendhaft ist.

Der Meister sprach: »Der Edle liebt den inneren Wert, der Gemeine liebt das Irdische; der Edle liebt das Gesetz, der Gemeine sucht die Gunst.«

Gespräche, S. 103

Der Meister sprach: »Reichtum und Ehre sind es, was die Menschen wünschen; aber wenn sie einem unverdient zuteil werden, so soll man sie nicht festhalten. Armut und Niedrigkeit sind es, was die Menschen hassen; aber wenn sie einem unverdient zuteil werden, so soll man sie nicht loszuwerden suchen. Ein Edler, der von der Sittlichkeit lässt, entspricht nicht dem Begriff (des Edlen). Der Edle übertritt nicht während der Dauer einer Mahlzeit die [Gesetze der] Sittlichkeit. In Drang und Hitze bleibt er unentwegt dabei, in Sturm und Gefahr bleibt er unentwegt dabei.«

Gespräche, S. 101

Der Meister sprach: »Der Edle ist bewandert in der Pflicht, der Gemeine ist bewandert im Gewinn.«

Gespräche, S. 105

Der Meister sprach: »Der Edle ist ruhig und gelassen, der Gemeine ist immer in Sorgen und Aufregung.«

Gespräche, S. 146

Si Ma Niu fragte nach dem (Wesen des) Edlen.

Der Meister sprach: »Der Edle ist ohne Trauer und ohne Furcht.«

Er sprach: »Ohne Trauer und ohne Furcht sein: das heißt ein Edler sein?« –

Der Meister sprach: »Wenn einer sich innerlich prüft, und kein Übles da ist, was sollte er da traurig sein, was sollte er fürchten?«

Gespräche, S. 189

Der Meister sprach: »Der Edle befördert das Schöne der Menschen und befördert nicht das Unschöne der Menschen. Der Gemeine macht es umgekehrt.«

Gespräche, S. 196

Meister Dsong sprach: »Der Edle begegnet seinen Freunden durch die Kunst und fördert durch seine Freunde seine Sittlichkeit.«

Gespräche, S. 202

Der Meister sprach: »Der Edle ist friedfertig, aber macht sich nicht gemein. Der Unedle macht sich gemein, aber ist nicht friedfertig.«

Gespräche, S. 214

Der Meister sprach: »Der Edle ist stolz, aber nicht hochmütig. Der Gemeine ist hochmütig, aber nicht stolz.«

Gespräche, S. 215

Meister Dsong sprach: »Der Edle geht in seinem Denken nicht über seine Stellung hinaus.«

Gespräche, S. 229

Der Meister sprach: »Zum Pfad des Edlen gehören drei Stücke, die ich nicht kann: Sittlichkeit macht ihn frei von Leid, Weisheit macht ihn frei von Zweifeln, Entschlossenheit macht ihn frei von Furcht.«

Gespräche, S. 229

In Tschen gingen die Lebensmittel aus. Die Nachfolger wurden so schwach, dass sie nicht aufstehen konnten.

Dsi Lu erschien murrend (bei dem Meister) und sprach: »Gibt es für den Edlen auch Not?«

Der Meister sprach: »Der Edle bleibt fest in der Not. Wenn der Gemeine in Not kommt, so wird er trotzig.«

Gespräche, S. 237

Der Meister sprach: »Die Pflicht als Grundlage, Anmut beim Handeln, Bescheidenheit in den Äußerungen, Treue in der Durchführung: wahrlich, so ist ein Edler!«

Gespräche, S. 244

Der Meister sprach: »Der Edle leidet darunter, dass er keine Fähigkeiten hat, er leidet nicht darunter, dass die Menschen ihn nicht kennen.«

Gespräche, S. 244

Der Meister sprach: »Der Edle stellt Anforderungen an sich selbst, der Gemeine stellt Anforderungen an die (andern) Menschen.«

Gespräche, S. 244

Der Meister sprach: »Der Edle wählt nicht nach ihren Worten die Menschen und verwirft nicht nach den Menschen ihre Worte.«

Gespräche, S. 245

Der Meister sprach: »Der Edle trachtet nach der Wahrheit, er trachtet nicht nach Speise. Beim Pflügen kann man in Not kommen; beim Lernen kann man zu Brot kommen. Der Edle trauert um der Wahrheit willen, er trauert nicht um der Armut willen.«

Gespräche, S. 248

Der Meister sprach: »Den Edlen kann man nicht an Kleinigkeiten erkennen, aber er kann Großes übernehmen. Der kleine Mann kann nicht Großes übernehmen, aber man kann ihn in Kleinigkeiten erkennen.«

Gespräche, S. 249

Der Meister sprach: »Der Edle ist beharrlich, aber nicht hartnäckig.«

Gespräche, S. 250

Meister Kung sprach: »Der Edle hütet sich vor dreierlei. In der Jugend, wenn die Lebenskräfte noch nicht gefestigt sind, hütet er sich vor der Sinnlichkeit. Wenn er das Mannesalter erreicht, wo die Lebenskräfte in voller Stärke sind, hütet er sich vor der Streitsucht. Wenn er das Greisenalter erreicht, wo die Lebenskräfte schwinden, hütet er sich vor dem Geiz.«

Gespräche, S. 256 f.

Meister Kung sprach: »Der Edle hat eine (heilige) Scheu vor dreierlei: Er steht in Scheu vor dem Willen Gottes, er steht in Scheu vor großen Männern, er steht in Scheu vor den Worten der Heiligen (der Vorzeit). Der Gemeine kennt den Willen Gottes nicht und scheut sich nicht vor ihm, er ist frech gegen große Männer und verspottet die Worte der Heiligen.«

Gespräche, S. 257

Meister Kung sprach: »Der Edle hat neun Dinge, worauf er denkt: Beim Sehen denkt er auf Klarheit, beim Hören denkt er auf Deutlichkeit, in seinen Mienen denkt er auf Milde, in seinem Benehmen denkt er auf Würde, in seinen

Worten denkt er auf Wahrheit, in seinen Geschäften denkt er auf Gewissenhaftigkeit, in seinen Zweifeln denkt er an das Fragen, im Zorn denkt er an die Schwierigkeit (der Folgen), angesichts des Empfangens denkt er auf Pflicht.«

Gespräche, S. 257 f.

Dsi Lu sprach: »Der Edle schätzt doch wohl den Mut am höchsten.«

Der Meister sprach: »Der Edle setzt die Pflicht obenan. Wenn ein Vornehmer Mut besitzt ohne Pflichtgefühl, so wird er aufrührerisch. Wenn ein Geringer Mut besitzt ohne Pflichtgefühl, so wird er ein Räuber.«

Gespräche, S. 269

Dsi Hia sprach: »Die hundert Handwerker bleiben in ihren Werkstätten, um ihre Arbeit zu vollenden; der Edle lernt, um seine Wahrheit zu erreichen.«

Gespräche, S. 278

Dsi Hia sprach: »Dreimal verschieden erscheint der Edle. (Aus der Ferne) gesehen (erscheint er) streng. Naht man ihm, so ist er milde. Hört man seine Worte, so ist er unbeugsam.«

Gespräche, S. 279

Der Edle erwirbt umfassende Kenntnisse, aber wahrt sie in aller Bescheidenheit. In seinen Worten ist er zurückhaltend, in der Ausführung ist er gründlich. In der Ausführung sucht er es andern zuvorzutun, in den Worten sucht er hinter den andern zurückzubleiben. Der Edle wahrt ängstlich sein Leben lang diesen Standpunkt.

Riten, S. 151

Der Edle richtet sich nach seiner Stellung bei allem, was er tut, und wünscht sich nichts außerhalb davon. Wenn er sich in Reichtum und Ehren sieht, so handelt er, wie es in Reichtum und Ehren sich geziemt. Wenn er sich in Armut und Niedrigkeit sieht, so handelt er, wie es in Armut und Niedrigkeit sich geziemt. Wenn er sich unter Barbaren sieht, so handelt er, wie es unter Barbaren sich geziemt. Wenn er sich in Leid und Schwierigkeiten sieht, so handelt er, wie es in Leid und Schwierigkeiten sich geziemt. Der Edle kommt in keine Lage, in der er sich nicht selber findet. In hoher Stellung unterdrückt er nicht die Unteren, in niederer Stellung kriecht er nicht vor den Oberen. Er macht sich selber recht und verlangt nichts von den andern Menschen; so bleibt er frei von Groll. Nach oben grollt er nicht dem Himmel, nach unten zürnt er nicht den Menschen. So weilt der Edle in Gelassenheit und nimmt sein Schicksal gefasst entgegen. Der Gemeine aber übt List und Tücken, um ein unverdientes Glück zu erjagen.

Riten, S. 37

Der Weg des Edlen nimmt seinen Anfang bei den Angelegenheiten des gewöhnlichen Mannes und Weibes; aber er reicht in Weiten, da er Himmel und Erde durchdringt.

Riten, S. 35

Der Weg des Edlen ist gleich einer weiten Reise: Man muss in der Nähe anfangen. Oder er ist gleich der Besteigung eines hohen Bergs: Man muss von unten anfangen.

Riten, S. 37

Der Edle kennt, wenn er etwas studiert, nur die Sorge, es möchte nicht umfassend genug sein. Wenn er umfassende Kenntnis hat, kennt er nur die Sorge, er könne sie nicht üben. Wenn er sie geübt hat, kennt er nur die Sorge, er möchte es nicht verstehen. Wenn er es versteht, kennt er nur die Sorge, er möchte es nicht ausführen können. Wenn er Gelegenheit hat, es auszuführen, legt er Wert darauf, bescheiden zu sein. Des Edlen Bildung beschäftigt sich mit diesen fünf Dingen. Darin ist alles befasst.

Riten, S. 151

Der Edle kennt ein Unglück, vor dem er besorgt ist, und eine Schande, vor der er sich fürchtet: Wenn er Gutes sieht, so fürchtet er, er könnte es nicht erreichen; wenn er Nichtgutes sieht, so fürchtet er, es könnte ihn anstecken.

Darum ist der Edle sein ganzes Leben lang darüber in Bedenken.

Riten, S. 152

Der Edle redet über Dinge nicht, über die er selbst noch im Unklaren ist; ehe er gefragt wird, redet er nicht; wird er nach zwei Möglichkeiten gefragt, so lässt er den Schüler nicht nach der schweren handeln. Ist der Edle selbst in etwas gut, so freut er sich darüber, wenn auch andre darin gut sind; kann er selbst etwas, so freut er sich darüber, wenn auch andre es können. Und wenn er selbst etwas nicht kann, so zieht er nicht andre mit hinein.

Riten, S. 153

Der Edle kommt den Menschen nicht entgegen mit Abneigung, er macht die Menschen nicht unsicher durch Misstrauen. Er redet nicht über die Fehler der Menschen, sondern fördert die Menschen in ihren Vorzügen. Er behält die Vergangenheit und beachtet die Zukunft. Wenn einer morgens fehlt und bessert sich des Abends, so hält er es ihm zugute. Wenn einer abends fehlt und bessert sich am Morgen, so hält er es ihm zugute. Der Edle weiß, dass die Gerechtigkeit feste Gesetze kennt und dass ein Vorzug eines Menschen andre Vorzüge nach sich zieht. Wenn er daher bei einem Menschen ein Gutes sieht, so hofft er auf ein zweites, wenn er Kleines sieht, so hofft er auf Großes. Wenn einer dann wirklich Geisteskräfte zeigt, so verlangt er doch nicht zu viel von den Menschen.

Riten, S. 154

Darum verehrt der Edle die Güte. Was die Menschen der Welt für Reichtum achten, wie sollte er das für Reichtum achten! Er achtet die Güte für Reichtum. Was die Menschen der Welt für Ehre achten, wie sollte er das für Ehre achten! Er achtet die Güte für Ehre.

Riten, S. 178

Herzog Ai sprach: »Gut! Wie muss einer beschaffen sein, dass man ihn einen Edlen nennen kann?«
Meister Kung erwiderte: »Was man einen Edlen nennt,

der steht persönlich für Treu und Glauben ein, und sein Herz ist nicht käuflich. Liebe und Pflicht betrachtet er als seine eigene Sache und schädigt nicht die Unwissenden. In seiner Erfahrung und seinem Wissen ist er weit und umfassend, aber zeigt es nicht in seinem Benehmen. In seinem Denken und Sinnen ist er erleuchtet und durchdringend, aber er streitet nicht mit Worten; der Edle ist unauffällig, als könnte man ihn erreichen, und doch unerreichbar. Einen solchen mag man einen Edlen nennen.«

Riten, S. 253

Der Edle ist ehrerbietig, aber nicht umständlich, ruhig, aber nicht lässig, bescheiden, aber nicht unterwürfig, frei, aber nicht ungebunden, freigebig und nicht knickerig, gerade, aber nicht zufahrend. Das mag man als selbstlos bezeichnen.

Riten, S. 155

HERRSCHER UND UNTERTAN

Der Meister sprach: »Wer kraft seines Wesens herrscht, gleicht dem Nordstern. Der verweilt an seinem Ort, und alle Sterne umkreisen ihn.«
     Gespräche, S. 75

Der Meister sprach: »Wenn man durch Erlasse leitet und durch Strafen ordnet, so weicht das Volk aus und hat kein Gewissen. Wenn man durch Kraft des Wesens leitet und durch Sitte ordnet, so hat das Volk Gewissen und erreicht (das Gute).«
     Gespräche, S. 75

Fürst Ai fragte und sprach: »Was ist zu tun, damit das Volk fügsam wird?«
Meister Kung entgegnete und sprach: »Die Geraden erhe-

ben, dass sie auf die Verdrehten drücken: so fügt sich das Volk. Die Verdrehten erheben, dass sie auf die Geraden drücken, so fügt sich das Volk nicht.«

Gespräche, S. 83

Fürst Ding fragte, wie ein Fürst seine Beamten behandeln und wie die Beamten ihrem Fürsten dienen sollen.
Meister Kung entgegnete und sprach: »Der Fürst behandle den Beamten, wie es die Sitte verlangt, der Beamte diene dem Fürsten, wie es sein Gewissen verlangt.«

Gespräche, S. 95 f.

Der Meister sprach: »Wer durch Ausübung der Moral seinen Staat regiert, was [für Schwierigkeiten] könnte der haben? Wer aber nicht durch Ausübung der Moral den Staat regiert, was nützt dem die Moral?«

Gespräche, S. 104

Der Meister sprach: »Das Volk kann man dazu bringen, (dem Rechten) zu folgen, aber man kann es nicht dazu bringen, es zu verstehen.«

Gespräche, S. 151

Dsi Gung fragte nach (der rechten Art) der Regierung. Der Meister sprach: »Für genügende Nahrung, für genügende Militärmacht und für das Vertrauen des Volkes (zu seinem Herrscher) sorgen.«

Dä Gung sprach: »Wenn man aber keine Wahl hätte, als etwas davon aufzugeben: auf welches von den drei Dingen könnte man am ehesten verzichten?«

(Der Meister) sprach: »Auf die Militärmacht.«

Dsi Gung sprach: »Wenn man aber keine Wahl hätte, als auch davon eines aufzugeben: auf welches der beiden Dinge könnte man am ehesten verzichten?«

(Der Meister) sprach: »Auf die Nahrung. Von alters her müssen alle sterben; wenn aber das Volk keinen Glauben hat, so lässt sich keine (Regierung) aufrichten.«

Gespräche, S. 190 f.

Dsi Lu fragte nach (dem Wesen) der Regierung.
Der Meister sprach: »(Dem Volk) vorangehen und es ermutigen.«
Er bat um Weiteres.
(Der Meister) sprach: »Nicht müde werden.«

Gespräche, S. 203

Freiherr Gi Kang fragte den Meister Kung nach (dem Wesen) der Regierung.
Meister Kung sprach: »Regieren heißt recht machen. Wenn Eure Hoheit die Führung übernimmt im Rechtsein, wer sollte es wagen, nicht recht zu sein?«

Gespräche, S. 197

Der Meister sprach: »Wer selbst recht ist, braucht nicht zu befehlen: und es geht. Wer selbst nicht recht ist, der mag befehlen: doch wird nicht gehorcht.«

Gespräche, S. 206

Der Meister fuhr durch We. Jan Yu lenkte (den Wagen).
Der Meister sprach: »Wie zahlreich ist (das Volk)!«
Jan Yu sprach: »Wenn es so zahlreich ist, was könnte man noch hinzufügen?«
(Der Meister) sprach: »Es wohlhabend machen.«
(Jan Yu) sprach: »Und wenn es wohlhabend ist, was kann man noch hinzufügen?«
(Der Meister) sprach: »Es bilden.«

Gespräche, S. 207

Der Meister sprach: »(Es gibt ein Wort): ›Wenn tüchtige Menschen hundert Jahre ein Land leiten würden, so könnte man mit den Verbrechen fertig werden ohne Todesstrafe.‹ Das ist ein wahres Wort.«

Gespräche, S. 207

Der Meister sprach: »Wer sich selbst regiert, was sollte der (für Schwierigkeiten) haben, bei der Regierung tätig zu sein? Wer sich selbst nicht regieren kann, was geht den das Regieren von andern an?«

Gespräche, S. 20

Dsi Hia war Beamter von Gü Fu und fragte nach der (rechten Art der) Regierung.

Der Meister sprach: »Man darf keine raschen (Erfolge) wünschen und darf nicht auf kleine Vorteile sehen. Wenn man rasche Erfolge wünscht, so (erreicht man) nichts Gründliches; wenn man auf kleine Vorteile aus ist, so bringt man kein großes Werk zustande.«

Gespräche, S. 210

Der Meister sprach: »Wenn ein tüchtiger Mann ein Volk sieben Jahre lang erzieht, so mag er es auch benutzen, um die Waffen zu führen.«

Gespräche, S. 216

Der Meister sprach: »Ein Volk ohne Erziehung in den Krieg führen, das heißt, es dem Untergang weihen.«

Gespräche, S. 216

Der Meister sprach: »Wenn man einen liebt, ist es dann möglich, dass man nicht für ihn besorgt ist? Wenn einer gewissenhaft ist, wie wäre es dann möglich, (seinen Fürsten) nicht zu belehren?«

Gespräche, S. 221

Dsi Lu fragte, wie man dem Fürsten diene. Der Meister sprach: »Ihn nicht betrügen und ihm widerstehen.«

Gespräche, S. 227

Der Meister sprach: »(Wenn einer) durch sein Wissen (ein Amt) erreicht hat, aber es nicht durch seine Sittlichkeit bewahren kann, so wird er es, obwohl er es erlangt hat, verlieren. Wenn einer durch sein Wissen es erreicht hat, durch seine Sittlichkeit es bewahren kann, aber bei seiner Ausübung keine Würde zeigt, so wird das Volk ihn nicht ehren. Wenn einer durch sein Wissen es erreicht hat, durch seine Sittlichkeit es bewahren kann, bei seiner Ausübung Würde zeigt, aber es nicht entsprechend dem Gesetz der schönen Form bewegt, so ist er noch nicht tüchtig.«

Gespräche, S. 249

Der Meister sprach: »Im Dienst des Fürsten soll man sein Werk wichtig nehmen und sein Einkommen hintansetzen.«
Gespräche, S. 251

Dsi Hia sprach: » Der Edle (erwirbt sich) das Vertrauen, dann erst bemüht er seine Untertanen; wenn sie noch kein Vertrauen haben, so halten sie das für Härte gegen sich. Er (erwirbt sich) das Vertrauen (seines Fürsten), dann erst macht er Vorhaltungen; wenn er noch nicht das Vertrauen (seines Fürsten) hat, so hält jener es für Beschuldigungen gegen sich.«
Gespräche, S. 279

Für die Führung des Weltreichs gibt es neun Pfade: Pflege der Person, Ehrung der Würdigen, Liebe zu den Nächsten, Achtung vor den hohen Würdenträgern, Verständnis für die Menge der Beamten, väterliche Liebe zum geringen Volk, Heranziehung der verschiedenen Arbeiter, Milde gegen die Fremden, liebevolles Gedenken an die Lehensfürsten.
Riten, S. 42

So kommt es für die Ausübung der Regierung auf die Menschen an. Die Menschen gewinnt (der Herrscher) durch seine Person, er bildet seine Person durch den Weg. Er bildet den Weg durch Menschlichkeit. Menschlichkeit bedeutet Menschentum. Die Liebe zu den Nächsten ist das Größte daran. Gerechtigkeit bedeutet das, was recht ist. Die Ehrung der Würdigen ist das Größte daran. Die Stufen der Liebe zu den Nächsten und die Arten der Verehrung der Würdigen sind es, aus denen die Sitte entsteht ...

Riten, S. 41

Damit, dass, um den Staat zu ordnen, man unter allen Umständen erst sein Haus regeln muss, ist Folgendes gemeint: Dass jemand, der seine Hausgenossen nicht erziehen kann, andere Menschen erziehen könnte, das gibt es nicht. Darum geht der Edle nicht hinaus über den Kreis seines Hauses und vollendet doch im ganzen Staat die Erziehung. Die Sohnesehrfurcht ist die Gesinnung, mit der man dem Fürsten dienen soll; die brüderliche Unterordnung ist die Gesinnung, mit der man seinen Vorgesetzten dienen soll; die väterliche Liebe ist die Gesinnung, mit der man die Menge leiten muss.

Riten, S. 60

Wenn im Haus des ersten Mannes die Menschlichkeit herrscht, so blüht im ganzen Staat die Menschlichkeit. Wenn im Haus des ersten Mannes die Verträglichkeit herrscht, so blüht im ganzen Staat die Verträglichkeit. Wenn der erste Mann habgierig und hart ist, so kommt der ganze Staat in Aufruhr. So lösen sich die Wirkungen aus.

Riten, S. 60

Wer nicht in der Gerechtigkeit wandelt, dem diene ich nicht; wer nicht gütig ist, den nehme ich nicht zum Vorgesetzten. Wer Güte und Gerechtigkeit pflegt, mit dem tue ich mich zusammen und weile in seiner Gesellschaft.

Riten, S. 179

Der Meister sprach: »Der Fürst kann seine Diener erhöhen und erniedrigen, er kann sie reich machen und arm machen, er kann sie am Leben lassen oder töten, aber er kann sie nicht zu einem Unrecht zwingen.«

Riten, S. 217

Der Fürst ist es, der von dem Volk zum Vorbild genommen wird; nicht darf er sich nach dem Vorbild der Leute richten. Der Fürst wird von dem Volk ernährt, nicht ernährt er die Leute. Der Fürst wird von dem Volk bedient, nicht bedient er die Leute. Wollte der Fürst sich nach den Leuten richten, so würde er Fehler machen; wollte er die Leute ernähren, so reichten seine Mittel nicht aus; wollte er die Leute bedienen, so verlöre er seine Stellung. Dadurch aber, dass die Leute sich nach dem Fürsten richten, kommen sie selber in Ordnung; dadurch, dass sie den Fürsten ernähren, kommen sie selber in Sicherheit; dadurch, dass sie dem Fürsten dienen, kommen sie selber zur Bedeutung. Wenn daher die Regeln der Sitte alles durchdringen, so wird jedem sein Platz angewiesen, und jedermann scheut sich vor dem Tode und ist besorgt für sein Leben. Darum bedient sich der Fürst der Klugheit seiner Leute, aber er tut ab ihre List; er bedient sich ihrer Tatkraft, aber er tut ab ihre Reizbarkeit; er bedient sich ihrer Liebe, aber er tut ab ihre Gier. Wenn ein Land in Not kommt, so ist es Pflicht des Fürsten, für die Altäre des Landes und Korns zu sterben. Ob ein hoher Würdenträger für den Ahnentempel stirbt oder nicht, das kommt auf die Verhältnisse an.

Riten, S. 68

Die Herren der Welt stimmen alle darin überein, dass sie wünschen, dass ihr Volk gut wird. Worin sie sich aber unterscheiden, das sind die Mittel, um das Volk zum Guten zu bringen. Die einen leiten ihr Volk durch die Macht ihres Wesens und die Erziehung, die andern treiben ihr Volk an durch Gesetze und Befehle. Wenn man das Volk leitet durch die Macht persönlicher Erziehung, so wird die Macht der persönlichen Erziehung sich auswirken, und das Volk wird stark und fröhlich; wenn man es antreibt durch Gesetze und Befehle, so werden Gesetze und Befehle sich anhäufen, und das Volk wird traurig und klagend. Trauer und Freude sind die Reize, die Glück und Unglück auslösen.

Riten, S. 236

Die größte Güte ist es, die Menschen zu lieben; die größte Weisheit ist es, die Tüchtigen zu kennen; die größte Regierungsordnung ist es, Tüchtige mit Ämtern zu betrauen. Wenn Fürsten mit Land diese drei Dinge pflegen, so wird sich alles innerhalb der vier Meere ihnen verehrend nahen.

Riten, S. 250

Dsong Dsi sprach: »Darf ich fragen, was sind die drei höchsten Dinge?«

Meister Kung sprach: »Höchste Sitte macht keine Umstände, und die Welt kommt in Ordnung. Höchster Lohn macht keinen Aufwand, und die Beamten der Welt sind zufrieden. Höchste Musik gibt keinen Laut, und alles Volk auf der Welt kommt in Harmonie. Indem ein erleuchteter Herrscher ernstlich diese drei höchsten Dinge ausübt, gelingt es ihm, alle Fürsten auf Erden zu kennen, alle Beamten auf Erden zu seinen Dienern zu machen, alles Volk auf Erden zu seinem Gebrauch zur Verfügung zu haben.«

Riten, S. 249

Der Obere gleicht einem Mann, der auf einen Baum klettert. Er strebt in die Höhe, aber umso mehr muss er sich vor der Tiefe fürchten. Wenn ein Sechsgespann scheu wird, so ist es sicher an einem Kreuzungspunkt von vier Straßen; wenn das Volk den Weg verliert, so ist es sicher, weil die Oberen die (Zügel der) Regierung verloren haben. Wenn daher die Oberen ehrfurchtgebietend und entschieden sind, so sind die Leute untertänig und göttlich. Wenn man die Leute als Volk behandelt und liebt, so bleibt man bestehen; wenn man sie hasst, so geht man zugrunde.

Riten, S. 265 f.

So tritt der Edle gelassen ins Amt: Er sieht auf das Nahe, darum kann ihm nichts die Klarheit verhüllen. Er sucht das Nahe, darum erlangt er es ohne Mühe. Er ordnet durch einfache Mittel, darum braucht er nicht die Massen und findet doch Anerkennung. Das Urbild seines Gesetzes hat er im Innern, darum ist es nicht ferne. Der Urquell ist unversieglich, darum erfüllt er die Welt. Unter dem Holz mangelt es nicht an langem und kurzem; der Mensch hat sein Maß, danach ordnet er, was er braucht, und es gibt keine Verwirrung. Diese sechs Dinge müssen den Sinn durchdringen, im Willen geborgen sein, sich in den Mienen auswirken, den Ton der Worte beleben. So kommt die Person in Sicherheit; man findet Anerkennung, und das Volk findet den rechten Weg von selbst.

Riten, S. 263 f.

Eine Spinnerin sucht stets selbst ihre Seide und ihren Hanf aus. Ein guter Handwerker sucht stets selbst sein Material aus. So sucht ein tüchtiger Fürst und guter Oberer stets selbst seine Umgebung aus. Wer es sich bequem macht in der Auswahl seiner Leute, der hat Mühe in der Ordnung der Geschäfte. Wer sich Mühe nimmt bei der Auswahl seiner Leute, der hat es bequem bei der Ordnung der Geschäfte. Darum: Wenn der Edle Anerkennung wünscht, so ist er sorgfältig in der Wahl seiner Vertrauten; wenn er Ruhm wünscht, so ist er sorgfältig in der Wahl seiner Umgebung.

Riten, S. 265

Immer wenn das Volk Übles tut, stiehlt und raubt, die Gesetze übertritt, willkürlich handelt, so kommt es daher, dass Mangel herrscht. Dass Mangel herrscht, kommt davon, dass kein Maß da ist. Wenn kein Maß da ist, dann stehlen die Kleinen und verschwenden die Großen, und keiner weiß sich zu mäßigen. Wenn aber Maß vorhanden ist, so hat das Volk genug; wenn das Volk genug hat, so gibt es niemand, der Übles tut, stiehlt, raubt, die Gesetze übertritt, willkürlich handelt. Wenn daher Prozesse vorkommen wegen Übeltaten, Diebstahl, Raub, Gesetzesübertretung, Willkürhandlungen, so muss man die Maße in Ordnung bringen.

Riten, S. 270

FAMILIE UND FREUNDSCHAFT

Der Meister sprach: »Ist der Vater am Leben, so schaue auf seinen Willen. Ist der Vater nicht mehr, so schaue auf seinen Wandel. Drei Jahre lang nicht ändern des Vaters Weg: das kann kindesliebend heißen.«

Gespräche, S. 71 f.

Der Fürst von Schä redete mit Meister Kung und sprach: »Bei uns zulande gibt es ehrliche Menschen. Wenn jemandes Vater ein Schaf entwendet hat, so legt der Sohn Zeugnis ab (gegen ihn).«

Meister Kung sprach: »Bei uns zulande sind die Ehrlichen verschieden davon. Der Vater deckt den Sohn und der Sohn deckt den Vater. Darin liegt auch Ehrlichkeit.«

Gespräche, S. 210

Man diene dem Vater so, dass man auf dieselbe Weise dem Fürsten dienen kann; man diene dem älteren Bruder so, dass man desgleichen seinen Vorgesetzten und Meistern dienen kann. Man verwende seinen Sohn, wie man einen Minister verwendet; man verwende seinen jüngeren Bruder, wie man einen Beamten verwendet. Wer Freunde auszuwählen versteht, der versteht es auch, Amtsgenossen auszuwählen. Wer in seinem Hause förderlich ist, der ist auch einem Land zum Segen. Wer gegen seine Knechte und Mägde ärgerlich und zornig ist, der wird auch den Bürgern gegenüber mit strengen Strafen vorgehen. Darum: Wer Gutes tut, muss stets im engsten Kreise beginnen. Mit wem seine Familie unzufrieden ist, den werden auch Fremde nicht hochstellen.

Riten, S. 160

Der Edle ist zu seinem Sohn voll Liebe, aber er zeigt sie nicht äußerlich. Er verwendet ihn, macht aber kein Aufhebens davon. Er leitet ihn auf rechter Bahn, aber er zwingt ihn nicht. In der Familie herrscht Friede und Eintracht, in der Öffentlichkeit Gemessenheit und Ernst. Unter Brüdern herrscht herzliche Zuneigung, unter Freunden Wettstreit im Guten. Den Fremden gegenüber muss man seine Zuneigung äußerlich zeigen, den Nahestehenden gegenüber hat man sie im Herzen. Zu Freunden wähle man sich solche, die tüchtig sind, und halte ferne solche, die untüchtig sind; und wenn sie dann wirklich ihren Überzeugungen treu bleiben, so kann man ihnen fürs Leben verbunden sein.

Riten, S. 161

Meister Dsong sprach: Die Gewissenhaftigkeit ist die Grundlage der Kindesehrfurcht*.

Riten, S. 162

Ein ehrfürchtiger Sohn besteigt nicht hohe Felsen und betritt keine gefährlichen Stellen, auch steilen Abgründen naht er sich nicht. Er lacht nicht unbeherrscht. Geheimnisse plaudert er nicht aus. Wenn er auf jemand zukommt, deutet er nicht auf ihn. So hält er sich frei von Vorwürfen.

Riten, S. 162

---

* Neben *Mitmenschlichkeit, Gerechtigkeit* und dem *Einhalten der Riten* ist die *Kindesehrfurcht* (oder *Kindliche Pietät*) eine der vier Grundtugenden der konfuzianischen Lehre.

So verhält sich der ehrfürchtige Sohn zu seinen Eltern: Zu ihren Lebzeiten tut er seine Pflicht, um sie zu stützen; nach ihrem Tode naht er ihnen mit Trauer; bei den Opfern naht er ihnen mit Ehrfurcht. Auf diese Weise vollendet er die Kindesehrfurcht.

Riten, S. 164

Des Edlen Kindesehrfurcht ist gewissenhaft und liebevoll, verbunden mit Ehrerbietung. Alles andere ist Unordnung. Er tut, was in seinen Kräften steht, und befolgt die gute Sitte. Er ist ernst und ehrerbietig und fühlt sich wohl dabei; er wird den Vater auch auf zarte Weise mahnen, ohne müde zu werden; er wird ihm gehorchen, ohne lass zu werden; er ist fröhlich und heiter, gewissenhaft und treu, sodass kein Fehler aufkommen kann. Das mag man als Kindesehrfurcht bezeichnen.

Riten, S. 165

Der Meister sprach: »Wenn man bei den Eltern Gehör findet, dann mag man ihre Fehler zu beseitigen auf sich nehmen. Wenn man kein Gehör findet, so muss man ihre Sünden entschuldigen.«

Riten, S. 165

Wenn die Eltern uns gern haben, so sollen wir uns freuen und es nicht vergessen. Wenn die Eltern böse auf uns sind, so sollen wir es uns zu Herzen nehmen und nicht grollen. Wenn die Eltern einen Fehler machen, so sollen wir sie mahnen, ohne ihnen zu widerstreben. Wenn die Eltern hingeschieden sind, so sollen wir ihnen unter Trauern opfern. Wenn wir das hinzufügen, so mag man sagen, dass wir der Sitte bis zu Ende genug getan.

Riten, S. 168

Meister Dsong sprach: »Die Kindesehrfurcht hat drei Stufen: Die große Kindesehrfurcht bringt die Eltern zu Ehren; die nächste lässt wenigstens keine Schande auf sie kommen; die unterste ist, sie pflegen können.«

Riten, S. 166

Ein ehrfurchtsvoller Sohn kennt keine persönliche Trauer und keine persönliche Freude. Worüber die Eltern trauern, darüber trauert er auch; worüber die Eltern sich freuen, darüber freut er sich auch. Ein ehrfurchtsvoller Sohn ist geschickt in seiner Anpassung an die Eltern; darum fühlen sie sich wohl durch ihn.

Riten, S. 170

Schan Gü Li fragte den Meister Dsong und sprach: »Gibt es einen rechten Weg, wie man seinem älteren Bruder dienen soll?«

Meister Dsong sprach: »Ja. Man ehrt ihn und dient ihm als einem guten Beispiel, zu dem man emporblickt. Man dient ihm als älterem Bruder, indem man seine Worte nicht unbefolgt lässt. Wenn des älteren Bruders Wandel den rechten Weg trifft, so diene man ihm als Bruder. Wenn des älteren Bruders Wandel nicht den rechten Weg trifft, so dulde man ihn. Duldet man ihn im Innern, aber nicht im Äußern, so hieße das ihn übergehen; duldet man ihn im Äußern, aber nicht im Innern, so hieße das ihn vernachlässigen. Darum duldet ein Edler ihn im Innern und im Äußern.«

Riten, S. 171

Schan Gü Li fragte den Meister Dsong und sprach: »Gibt es einen rechten Weg, wie man seinen jüngeren Bruder verwendet?«

Meister Dsong sprach: »Ja. Man muss Freudenfeste alle zur rechten Zeit veranstalten. Wenn des jüngeren Bruders Wandel den rechten Weg trifft, so verwende man ihn richtig. Wenn des jüngeren Bruders Wandel nicht den rechten Weg trifft, so behandle man ihn wie einen älteren Bruder (d. h. dulde ihn). Wenn man sich überwindet und ihn wie einen älteren Bruder behandelt und auch das keinen Erfolg hat, dann mag man ihn sich selbst überlassen.«

Riten, S. 171

Des Menschen Leben bewegt sich innerhalb eines Jahrhunderts. Und davon geht noch ab die Zeit der Krankheiten, die Zeiten des Alters und der Kindheit. Darum gedenkt der Edle daran, dass die Gelegenheiten nicht wiederkehren, und handelt zuvor. Wenn die Eltern verschieden sind, dann mag er wohl wünschen, kindesehrfürchtig zu sein; aber gegen wen soll er seine Kindesehrfurcht üben? Wenn er erst sechzig oder fünfzig Jahre alt ist, dann mag er wohl wünschen, brüderlich zu sein; aber gegen wen soll er seine Brüderlichkeit üben? So gibt es für

die Kindesehrfurcht ein ›zu spät‹ und für die Brüderlichkeit ein ›nicht mehr‹. Damit ist dies gemeint.

Riten, S. 181

Die eigene Person ist ein Zweig der Eltern; ist sie nicht der
Ehrfurcht würdig? Wer seine Person nicht mit Ehrfurcht
zu behandeln vermag, der schädigt seine Eltern. Die Eltern schädigen heißt die eigene Wurzel schädigen. Wenn
die Wurzel geschädigt wird, so müssen die Zweige mit ihr
zugrunde gehen.

Riten, S. 259

Meister Kung sprach: »Es gibt dreierlei Freunde, die von
Nutzen sind, und dreierlei Freunde, die von Übel sind.
Freundschaft mit Aufrichtigen, Freundschaft mit Bestän-
digen, Freundschaft mit Erfahrenen ist von Nutzen.
Freundschaft mit Speichelleckern Freundschaft mit Duck-
mäusern, Freundschaft mit Schwätzern ist von Übel.«

Gespräche, S. 256

WORTE UND TATEN

Dsi Gung fragte nach dem (Wesen des) Edlen. Der Meister sprach: »Erst handeln und dann mit seinen Worten sich danach richten.«

Gespräche, S. 80

Der Meister sprach: »Die Alten sparten ihre Worte; denn sie schämten sich, mit ihrem Betragen hinter ihren Worten zurückzubleiben.«

Gespräche, S. 107

Der Meister sprach: »Der Edle liebt es, langsam im Wort und rasch im Tun zu sein.«

Gespräche, S. 107

Der Meister sprach: »Früher stand ich so zu den Menschen: Wenn ich ihre Worte hörte, so glaubte ich an ihre Taten. Jetzt stehe ich so zu den Menschen: Ich höre ihre Worte, und dann sehe ich nach ihren Taten. Durch Yü kam ich dazu, diese Änderung vorzunehmen.«

Gespräche, S. 112

Der Meister sprach: »Worte ernsten Zuredens: wer wird denen nicht zustimmen? Aber worauf es ankommt, das ist Besserung [des Lebens]. Worte zarter Andeutung: wer wird die nicht freundlich anhören? Aber worauf es ankommt, das ist ihre Anwendung [auf die Praxis]. Freundliches Anhören ohne Anwendung, Zustimmung ohne Besserung: was kann ich damit anfangen?«

Gespräche, S. 165

Si Ma Niu fragte nach (dem Wesen) der Sittlichkeit. Der Meister sprach: »Der Sittliche ist langsam in seinen Worten.«

Er antwortete: »Langsam in seinen Worten sein: das heißt Sittlichkeit?« –

Der Meister antwortete: »Wer beim Handeln die Schwierigkeiten sieht: kann der in seinen Worten anders als langsam sein?«

Gespräche, S. 188

Der Meister sprach: »Der Edle schämt sich davor, dass seine Worte seine Taten übertreffen.«

Gespräche, S. 229

Der Meister sprach: »Herdenweise zusammensitzen den ganzen Tag, ohne dass die Rede die Pflicht berührt; es lieben, kleine Schlauheiten auszuführen: wahrlich, (mit denen hat man es) schwer.«

Gespräche, S. 243

Der Meister sprach: »Ich möchte lieber nichts reden.«
Dsi Gung sprach: »Wenn der Meister nicht redet, was haben dann wir Schüler aufzuzeichnen?«
Der Meister sprach: »Wahrlich, redet etwa der Himmel? Die vier Zeiten gehen (ihren Gang), alle Dinge werden erzeugt. Wahrlich, redet etwa der Himmel?«

Gespräche, S. 267

Die Worte müssen auf die Taten blicken, die Taten müssen auf die Worte blicken.

Riten, S. 36

Viel Blüten und wenig Früchte: das ist die Wirkung des Himmels; aber viele Worte und wenig Taten: das ist die Schuld des Menschen.

Riten, S. 181

Die Worte sollen nicht fern von der eigenen Persönlichkeit sein; denn sie ist die Wurzel der Taten. Wenn die Worte einen Herrn und die Taten eine Wurzel haben, dann wird man von einem hören.

Riten, S. 183

Der Meister sprach: »Der Edle wird einen Menschen nicht völlig nach seinen Reden beurteilen. Wenn der rechte Weg auf Erden herrscht, so tragen die Taten Zweige und Blätter; wenn der rechte Weg auf Erden fehlt, so tragen die Reden Zweige und Blätter.

Riten, S. 218

Wenn die Menschen unseren Worten trauen, so richten sie sich danach in ihren Handlungen; wenn die Menschen unseren Handlungen trauen, so richten sie sich danach in ihrer Wiederholung. Durch Wiederholung wird die Folgerichtigkeit gefördert, durch Folgerichtigkeit wird die Dauer gefördert. Das mag man als Übereinstimmung des Äußeren und Inneren bezeichnen.

Riten, S. 153

BILDUNG UND WISSEN,
LERNEN UND LEHREN

Der Meister sprach: »Das Alte üben und das Neue kennen: dann kann man als Lehrer gelten.«
Gespräche, S. 80

Der Meister sprach: »Lernen und nicht denken ist nichtig. Denken und nicht lernen ist ermüdend.«
Gespräche, S. 81

Der Meister sprach: »Yu, soll ich dich das Wissen lehren? Was man weiß, als Wissen gelten lassen, was man nicht weiß, als Nichtwissen gelten lassen: das ist Wissen.«
Gespräche, S. 81

Der Meister sprach: »Der Wissende ist noch nicht so weit wie der Forschende, der Forschende ist noch nicht so weit wie der heiter (Erkennende).«

Gespräche, S. 125

Dsi Gung fragte und sprach: »Weshalb ist Kung Wen Dsi der ›Weise‹ (Wen) genannt worden?«
Der Meister sprach: »Er war rasch [von Begriff] und liebte zu lernen; er schämte sich nicht, Niedrige zu fragen; das ist der Grund, warum er der ›Weise‹ genannt wird.«

Gespräche, S. 113 f.

Der Meister sprach: »Ich bin nicht geboren mit der Kenntnis (der Wahrheit); ich liebe das Altertum und bin ernst im Streben (nach ihr).«

Gespräche, S. 138

Meister Dsong sprach: »Begabt sein und doch noch von Unbegabten lernen; viel haben und doch noch von solchen lernen, die wenig haben; haben als hätte man nicht, voll sein als wäre man leer; beleidigt werden und nicht streiten: einst hatte ich einen Freund, der in allen Dingen so handelte.«

Gespräche, S. 149

Meister Dsong sprach: »Ein Lernender kann nicht sein ohne großes Herz und starken Willen; denn seine Last ist schwer, sein Weg ist weit. Die Sittlichkeit, die ist seine Last: ist sie nicht schwer? Im Tode erst ist er am Ziel: ist das nicht weit?«

Gespräche, S. 150

Der Meister sprach: »Lerne, als hättest du's nicht erreicht, und dennoch fürchtend, es zu verlieren.«

Gespräche, S. 154

Der Meister sprach: »Ein Gebildeter, der es liebt, (zu Hause) zu bleiben, ist nicht wert, für einen Gebildeten zu gelten.«

Gespräche, S. 218

Der Meister sprach: »Die Lernenden des Altertums taten es um ihrer selbst willen, die Lernenden von heute um der Menschen willen.«

Gespräche, S. 228

Der Meister sprach: »Si, du hältst mich wohl für einen, der vieles gelernt hat und es auswendig kann?«
Er erwiderte und sprach: »Ja, ist es nicht so?«
(Der Meister) sprach: »Es ist nicht so; ich habe Eines, um (alles) zu durchdringen.«

Gespräche, S. 238

Der Meister sprach: »Die Menschen können die Wahrheit verherrlichen, nicht verherrlicht die Wahrheit die Menschen.«

Gespräche, S. 247

Der Meister sprach: »Ich habe oft den ganzen Tag nicht gegessen und die ganze Nacht nicht geschlafen, um nachzudenken. Es nützt nichts; besser ist es, zu lernen.«

Gespräche, S. 248

Der Meister sprach: »Beim Lehren gibt es keine Standesunterschiede.«

Gespräche, S. 251

Meister Kung sprach: »Bei der Geburt schon Wissen zu haben, das ist die höchste Stufe. Durch Lernen Wissen zu erwerben, das ist die nächste Stufe. Schwierigkeiten haben und doch zu lernen, das ist die übernächste Stufe. Schwierigkeiten haben und nicht lernen: das ist die unterste Stufe des gemeinen Volks.«

Gespräche, S. 257

Der Meister sprach: »Von Natur stehen (die Menschen) einander nahe, durch Übung entfernen sie sich voneinander.«

Gespräche, S. 261

Der Meister sprach: »Nur die höchst stehenden Weisen und die tief stehenden Narren sind unveränderlich.«

Gespräche, S. 261

Dsi Hia sprach: »Wer täglich weiß, was ihm noch fehlt, und monatlich nicht vergisst, was er kann, der kann ein das Lernen Liebender genannt werden.«

Gespräche, S. 278

Dsi Hia sprach: »Der Beamte, der Zeit übrig hat, möge lernen. Der Lernende, der Zeit übrig hat, möge ein Amt antreten.«

Gespräche, S. 281

Die Wahrheit haben ist des Himmels Weg, die Wahrheit suchen ist der Weg des Menschen.

Riten, S. 44

Ich habe noch keinen gesehen, der sich beim Lernen hervorzutun liebte und nicht mit der Zeit nachgelassen hätte. Ich habe noch keinen gesehen, der es liebte, seine Schüler so zu lehren, wie man kranke Kinder nährt. Ich habe noch keinen gesehen, der sich täglich prüft und monatlich untersucht mit seinen Freunden. Ich habe noch keinen gesehen, der es fröhlich billigt, wenn einer zu ihm kommt, um sich zu bessern!

Riten, S. 183

Wenn auch die schönsten Speisen da sind und man kostet sie nicht, so kennt man nicht ihren Wohlgeschmack. Wenn auch der höchste Weg vorhanden ist und man lernt ihn nicht, so kennt man nicht seine Güte. Darum: Nur durchs Lernen erkennen wir unser Ungenügen, nur durchs Lehren erkennen wir die Schwierigkeiten. Nur durch die Erkenntnis des Ungenügens vermag man sich zu besinnen, nur durch die Erkenntnis der Schwierigkeiten vermag man sich anzustrengen. Darum fördern Lehren und Lernen einander. Im Befehl an Yüo heißt es: »Lehren ist die Hälfte des Lernens.« Damit ist eben das gemeint.

Riten, S. 191

Wenn der Jade nicht behauen wird, wird kein Gerät aus ihm; wenn der Mensch nicht gebildet wird, so kennt er nicht den Weg. Darum haben die Könige des Altertums, wenn sie Reiche bauten und über das Volk walteten, stets Erziehung und Bildung* vorangestellt. Im Befehl an Yüo

---

* ›Bildung‹ ist ein zentraler Begriff bei Konfuzius. In ihr sieht er den geeigneten Weg, edle, d. h. tugendhafte Menschen zu formen und so die Gesellschaft in ein harmonisches Gleichgewicht zu bringen.

heißt es: »Die Gedanken seien früh und spät auf die Bildung gerichtet.« Damit ist eben das gemeint.

Riten, S. 190

Ein Edler, der weiß, woher der Erfolg des Lehrens kommt, und ebenso weiß, woher der Misserfolg des Lehrens kommt, der erst vermag ein Lehrer der Menschen zu werden. Die Erziehung des Edlen ist Aufklärung. Er leitet die Schüler, aber schleppt sie nicht voran. Er stärkt sie, aber zwingt sie nicht. Er öffnet ihnen, aber sagt ihnen nicht alles. Durch Leiten, ohne zu schleppen, entsteht Harmonie; durch Stärken, ohne zu zwingen, entsteht Leichtigkeit; durch Eröffnen, ohne alles zu sagen, entsteht Nachdenken. Harmonie und Leichtigkeit im Nachdenken, das macht geschickt zum Verständnis.

Riten, S. 194 f.

Die Lernenden haben vier Fehler, die die Lehrenden wissen müssen. Das Lernen wird entweder fehlerhaft durch das Zuviel, oder es wird fehlerhaft durch das Zuwenig; es wird entweder fehlerhaft durch zu große Leichtigkeit, oder es wird fehlerhaft durch Steckenbleiben. In diesen vier Dingen stimmen die verschiedenen Gemütsrichtungen nicht überein. Man muss die Gemütsrichtung eines Schülers kennen, dann erst kann man ihn von seinem Fehler erlösen. Der Lehrende muss das Gute fördern und von den Fehlern retten.

Riten, S. 195

W er gut singen kann, macht, dass die Menschen seine Töne nachbilden. Wer gut lehren kann, macht, dass die Menschen seine Gesinnung nachbilden. Seine Worte sind gemessen, aber treffend, kurz, aber gehaltvoll. Er braucht selten Gleichnisse, aber er klärt auf. Das heißt seine Gesinnung auf andere übertragen.

Riten, S. 195

D er Edle, der weiß, welche Schüler schwer und welche leicht zur Bildung kommen, und ihre Vorzüge und Fehler kennt, der vermag vielseitig aufzuklären. Und nur wer vielseitig aufzuklären vermag, der kann ein Lehrer sein. Wer Lehrer zu sein vermag, der erst kann Führer sein. Wer Führer zu sein vermag, der erst kann Fürst sein. Darum ist es der Lehrer, durch den man lernt, ein Fürst zu sein. Darum kann man bei der Wahl eines Lehrers nicht vorsichtig genug sein. Es steht geschrieben: »Für die Kenntnis der vier Königszeitalter und der vier Dynastien kommt alles auf den richtigen Lehrer an.« Ist damit nicht eben dies gemeint?

Riten, S. 195 f.

Wer noch nie einen hohen Berg bestiegen hat, der weiß nicht, wie hoch der Himmel ist. Wer noch nie an einem tiefen Abgrund gestanden hat, der weiß nicht, wie massig die Erde ist. Wer noch nie von dem hinterlassenen Weg der früheren Könige gehört hat, der weiß nicht, wie groß die Wissenschaft ist.

Riten, S. 199

Meister Kung sprach: »Ein roher Edler darf nicht versäumen zu lernen. Wenn er andre sieht, darf er nicht versäumen, sich zu bilden. Ohne Bildung kein Ansehen, ohne Ansehen keine Sorgfalt, ohne Sorgfalt keine Sitte, ohne Sitte kein Standpunkt.

Riten, S. 204

Die Sitte will, dass man von den Menschen gesucht wird, nicht, dass man die Menschen sucht; die Sitte will, dass andre zu uns kommen, um zu lernen, nicht, dass man andre aufsucht, um sie zu lehren.

Riten, S. 375

Der Meister sprach: »Wer nicht strebend sich bemüht, dem helfe ich nicht voran, wer nicht nach dem Ausdruck ringt, dem eröffne ich ihn nicht. Wenn ich eine Ecke zeige, und er kann es nicht auf die andern drei übertragen, so wiederhole ich nicht.«

Gespräche, S. 134

SITTE UND MUSIK

Meister Yu sprach: »Bei der Ausübung der Formen* ist die (innere) Harmonie die Hauptsache. Der alten Könige Pfad ist dadurch so schön, dass sie im Kleinen und Großen

---

* Die angemessene Einhaltung der ›Formen‹ (auch ›Sitte‹ oder ›Riten‹ genannt), gehört zu den Grundtugenden der konfuzianischen Philosophie. Hiermit verbunden ist auch die Musik, die die Seele ins rechte Gleichgewicht bringen soll. Richard Wilhelm schreibt hierzu in der Einleitung seiner Übersetzung der *Gespräche* des Konfuzius: »Jeder Geist braucht seinen Leib, ebenso braucht jede Gesinnung ihren adäquaten Ausdruck. Die Gesinnung der Ehrfurcht und Liebe, die allen diesen menschlichen Beziehungen zugrunde liegt, braucht ihre Form, durch die sie sich äußern kann. Diese rechte Form für die rechte Gesinnung, das chinesische ›Li‹, wird nicht in ihrer ganzen Tiefe erfasst, wenn man darin nur Anstandsregeln oder äußere Zeremonien sieht. Diese Formen sind vielmehr moralisch bindend und geben die ästhetische Abrundung und Durchbildung des gesamten Lebens, sie sind Ausdruckskultur im höchsten Sinne des Wortes. Hand in Hand damit muss die Harmonie der gesamten Seelenstimmung gehen, denn nur ein tiefes und zugleich wohlgestimmtes Gemüt ist imstande, in all seinen Äußerungen Maß und Mitte zu treffen, ohne seine Grenzen zu überschreiten oder hinter dem Rechten zurückzubleiben. Diese Harmonie der Seelenstimmungen wird für Kung vorzugsweise erreicht durch die Pflege der Musik, die daher als Abschluss des gesamten Systems eine besonders große Bedeutung hat.« (KONFUZIUS: *Gespräche*. Anaconda Verlag, Köln 2018, S. 52 f.)

sich danach richteten. Dennoch gibt es Punkte, wo es nicht geht. Die Harmonie kennen, ohne dass die Harmonie durch die Form geregelt wird: das geht auch nicht.«

Gespräche, S. 72

Der Meister sprach: »Ein Mensch ohne Menschenliebe, was hilft dem die Form? Ein Mensch ohne Menschenliebe, was hilft dem die Musik?«

Gespräche, S. 88

Dsi Gung wollte, dass das Opferschaf bei der Verkündigung des neuen Mondes abgeschafft würde. Der Meister sprach: »Mein lieber Si, dir ist es leid um das Schaf, mir ist es leid um den Brauch.«

Gespräche, S. 95

Der Meister sprach: »Bei wem der Gehalt die Form überwiegt, der ist ungeschlacht, bei wem die Form den Gehalt
überwiegt, der ist ein Schreiber. Bei wem Form und Gehalt
im Gleichgewicht sind, der erst ist ein Edler.«

Gespräche, S. 124

Die Sitte wurzelt im Großen Einen. Dies teilt sich in Himmel und Erde; es beginnt seinen Kreislauf und erscheint als
das Kräftepaar von Schattigem und Lichtem; es wandelt
sich und zeigt sich als die vier Jahreszeiten; es tritt ausei-
nander und erscheint als Geister und Götter. Seine Offen-
barung heißt Bestimmung. Sein Wirken ist im Himmel.
Die Sitte hat ihre Wurzel stets im Himmel; bewegt, gelangt
sie auf die Erde; geordnet, zeigt sie sich bei den Arbeiten;
angepasst, folgt sie den Zeiten und richtet sich nach Stellung und Geschicklichkeit eines jeden. Als dem Menschen
innewohnende Kraft heißt sie das, was seinen Wandel
fördert und ihm die Kraft gibt zu Nachgiebigkeit beim
Trinken und Essen, bei Verleihung des Männerhuts und
Eheschließung, beim Opfern, beim Gauschießen, beim
Wagenfahren, bei Hofe und beim Empfang der Gäste.

Riten, S. 78 f.

Die Sitte und das Recht sind des Menschen große Anfänge. Darum wird durch Reden der Wahrheit und Pflege der Eintracht der innere und äußere Zusammenhang der Menschheit gefestigt gleich wie die Verbindung von Haut und Fleisch und der Zusammenhang von Sehnen und Knochen. Darum ist die Sitte auch das große Mittel, um die Lebenden zu nähren, die Toten zur Ruhe zu geleiten, Geistern und Göttern zu dienen. Sie ist das große Tor, das zu den Wegen des Himmels und zur Harmonie mit den Gefühlen der Menschen führt. Aber nur der Heilige erkennt es, dass man die Sitte nicht aufgeben kann. Ein Staat, der dem Untergang verfallen ist, ein Haus, das dem Sturze zueilt, ein Mensch, der zugrunde geht: sie alle tun zuerst die Regeln der Sitte von sich.

Riten, S. 79

Die Sitte ist für den Menschen, was die Hefe für den Wein; er wird ein edler Charakter, wenn er sie reichlich hat, und ein gemeiner Mensch, wenn er sich dürftig darin zeigt.

Riten, S. 79

Die Sitte bringt Rhythmus in die Gesinnung des Volkes. Die Musik bringt Harmonie in die Laute des Volkes. Die Gebote dienen dazu, seine Handlungen zu regeln; die Strafen dienen dazu, Ausschreitungen vorzubeugen. Wenn Sitte und Musik, Strafen und Gebote alle vier ihren Zweck erreichen, ohne drückend zu sein, so ist der Königsweg vollendet.

Riten, S. 87

Die Musik bewirkt Vereinigung, die Sitten bewirken Trennung. In der Vereinigung lieben die Menschen einander, durch die Trennung achten die Menschen einander. Wenn die Musik überwiegt, so entsteht die Gefahr des Zerfließens. Wenn die Sitte überwiegt, so besteht die Gefahr der Erstarrung. Die Gefühle in Einklang zu bringen und die Äußerungen zur Schönheit zu bringen, das ist die Aufgabe von Sitte und Musik.

Riten, S. 87

Die Musik kommt aus dem Innern hervor. Die Sitten gestalten von außen her. Weil die Musik aus dem Innern her-
vorkommt, darum bewirkt sie Ruhe. Weil die Sitten von
außen her gestalten, darum bewirken sie Schönheit. Deshalb ist höchste Musik stets leicht und höchste Sitte stets
einfach. Die höchste Musik entfernt den Groll, die höchste Sitte entfernt den Streit. Durch Freundlichkeit und
Nachgiebigkeit die Welt zu ordnen, das ist der Sinn von
Sitte und Musik.

Riten, S. 88

Der Zweck der Sitte ist es, die verschiedenen Tätigkeiten
durch Achtung zu vereinen; der Zweck der Musik ist es,
die verschiedenen Formen durch Liebe zu vereinigen. Sitte und Musik stimmen ihrem letzten Wesen nach überein.
Daher haben sie die weisen Könige gemeinsam gefördert.
So kamen die Werke in Einklang mit der Zeit und die Namen zur Deckung mit den Leistungen.

Riten, S. 88

Die Musik ist die Harmonie von Himmel und Erde. Die Sitte ist die Stufenfolge von Himmel und Erde. Durch Harmonie verwandeln sich alle Dinge, durch die Stufenfolge unterscheiden sich alle Dinge. Die Musik hat ihren schöpferischen Ursprung im Himmel, die Sitten formen sich nach der Erde. Wenn der Formungen zu viel werden, so entsteht Verwirrung; wenn des Schöpferischen zu viel wird, so entsteht Gewalt. Nur wenn man Himmel und Erde klar erkennt, dann vermag man Sitte und Musik zur Blüte zu bringen.

Riten, S. 89

Die Vereinigung der verschiedenen Beziehungen ohne Leid ist das Wesen der Musik. Freude, Heiterkeit, Vergnügen und Liebe sind die Wirkungen der Musik. Schlicht und recht und ohne Arg ist der Gehalt der Sitte. Ernst und Achtung, Ehrerbietung und Gehorsam sind die Formen der Sitte. Wenn Sitte und Musik ausgeübt werden auf metallenen und steinernen Instrumenten, sich äußern in Lauten und Tönen, dargebracht werden im Ahnentempel und vor dem Altar des Bodens und Korns, wenn man mit ihnen dient den Bergen und Strömen, den Geistern und Göttern, so kommt man in Übereinstimmung mit dem Volk.

Riten, S. 89

Musik und Sitte reichen empor bis zu den Himmelshöhen und umwinden die Tiefen der Erde. Sie wirken im Schattigen und Lichten und stehen in Verbindung mit Geistern und Göttern. Sie reichen empor bis zu den weitesten Fernen und senken sich hinab bis zu den tiefsten Schichten.

Riten, S. 91

Die Musik ist Wirkung, die Sitten sind Rückwirkung. In der Musik freut man sich seines Ursprungs, und in der Sitte kehrt man zurück zu seinem Anfang. Die Musik preist die Tugend, und die Sitte dankt der Gnade; das ist die Rückkehr zum Anfang.

Riten, S. 97

Ein Edler spricht: »Sitte und Musik dürfen nicht für einen Augenblick der Persönlichkeit fernbleiben. Wenn man die Musik wirken lässt zur Ordnung der Gesinnung, so wächst eine ruhige, gerade, ehrliche und aufrichtige Gesinnung üppig empor. Wenn eine ruhige, gerade, ehrliche und aufrichtige Gesinnung entsteht, so wird man fröhlich. Durch Fröhlichkeit kommt Friede, durch Friede entsteht Dauer, durch Dauer entsteht himmlisches Wesen, durch himmlisches Wesen entsteht Göttlichkeit. Himmlisches Wesen braucht nicht zu reden und findet doch Glauben, Göttlichkeit braucht nicht zu zürnen und findet doch Scheu. Das ist die Folge der Ordnung der Gesinnung durch die Musik. Wenn man die Sitte benützt zur Ordnung der Persönlichkeit, so wird man ernst und fest. Durch Ernst und Festigkeit hält man sich in Scheu. Wenn man im Herzen auch nur für einen Augenblick nicht harmonisch und heiter ist, so dringt eine niedrige, falsche Gesinnung ein. Wenn man im Äußeren auch nur für einen Augenblick nicht stark und ernst ist, so dringt eine lässige, träge Gesinnung ein.

Riten, S. 105

Meister Dsong sprach: Wandel heißt Wandel in der Sitte. Die Sitte verlangt, dass man zu den Vornehmen ehrerbietig ist, zu den Alten ehrfürchtig, zu den Kleinen liebevoll, zu den Jugendlichen freundschaftlich, zu den Geringen gnädig: Das ist die Sitte. Wer darin wandelt, der wandelt recht; wer das als Grundsatz nimmt, der ist gerecht. Was man aber heutzutage als Wandel bezeichnet, das ist den Oberen widersprechen, die Unteren in Gefahr bringen, den rechten Weg durchqueren und sich mit Gewalt durchsetzen. Die Welt ist ohne den rechten Weg. Darum ist es so. Wenn der rechte Weg auf Erden herrschte, so würden solche Menschen amtlich verfolgt werden.

Riten, S. 172

Musik bedeutet Freude; das ist etwas, ohne das die Gefühle des Menschen nicht sein können. Die Freude äußert sich notwendig in Lauten und Tönen und gewinnt Gestalt in Bewegungen. Das ist die Art des Menschen. Alle Veränderungen des Zustands der Seele zeigen sich in Tönen und Bewegungen. Darum kann der Mensch es nicht aushalten ohne Freude. Die Freude kann es nicht aushalten ohne Äußerung.

Riten, S. 106

Die Kraft der Sitte ist es, durch die Himmel und Erde zusammenwirken, durch die die vier Jahreszeiten in Harmonie kommen, durch die Sonne und Mond scheinen, durch die die Sterne ihre Bahnen ziehen, durch die die Ströme fließen, durch die alle Dinge gedeihen, durch die Gut und Böse geschieden werden, durch die Freude und Zorn den rechten Ausdruck finden, durch die die Unteren gehorchen, durch die die Oberen erleuchtet sind, durch die alle Dinge trotz ihrer Veränderungen nicht in Verwirrung kommen. Weicht man von ihr ab, so geht alles zugrunde. Ja wirklich, die Sitte ist doch das Vollkommenste!

Riten, S. 233

Meister Kung sprach: »Der Weg des Edlen ist zu vergleichen einem Damm. Die Sitte dämmt die Entstehung der Unordnung ein, wie der Damm das Kommen des Wassers eindämmt.«

Darum: Wenn man meint, die alten Dämme seien nutzlos, und sie zerstört, so kommt sicher eine Wassersnot. Wenn man meint, die alten Sitten seien nutzlos, und sie entfernt, so kommt sicher das Übel der Unordnung.

Riten, S. 234

Die Sitte ist ein Werkzeug (zur Bildung), deshalb ist sie so vollständig wie möglich. Durch ihre Vollständigkeit bringt sie die Geisteskräfte zu voller Entfaltung. Die Sitte löst von Irrwegen und verleiht eine gute Substanz. Wo sie angewandt wird, macht sie die Dinge recht; wo sie ausgeübt wird, geht alles gut. Für den Menschen ist sie das, was für die Bambusarten ihr Bast und für Fichten und Zypressen ihr Mark ist. Die beiden Pflanzenarten bilden die beiden großen Gegenstücke auf Erden, aber beide überdauern die vier Jahreszeiten, ohne ihre Zweige zu ändern oder ihre Blätter zu wechseln. Darum: Wenn der Edle die Sitte besitzt, so ist er nach außen in Harmonie und im Innern ohne Unzufriedenheit. Darum wenden sich alle Dinge seiner Gütigkeit zu, und Geister und Götter genießen seine Geisteskraft.

Riten, S. 238

Die Heiligen des Altertums betrachteten das Innere als verehrungswert und das Äußere als heiter, die sparsame Anwendung der Form als ehrwürdig, die Fülle der Formen als schön. Darum haben die alten Könige die Sitten so geschaffen, dass man sie nicht vermehren darf und nicht verringern darf, dass sie gerade angemessen sind.

Riten, S. 239

BUDDHA

DAS LEIDEN UND SEINE
AUFLÖSUNG

Der ich selbst, ihr Mönche, der Geburt unterworfen war, erkannte ich das Elend, das dem Gesetz der Geburt innewohnt, und nach dem von Geburt freien höchsten Gewinn und Wohlsein, dem Nirwana suchend, erreichte ich den von Geburt freien höchsten Gewinn und Wohlsein, das Nirwana. Der ich selbst dem Altern unterworfen war ... Der ich selbst der Krankheit unterworfen war ... Der ich selbst dem Tode unterworfen war ... Der ich selbst dem Schmerz unterworfen war ... Der ich selbst der Verderbtheit unterworfen war, erkannte ich das Elend, das dem Gesetz der Verderbtheit innewohnt, und nach dem von Verderbtheit freien höchsten Gewinn und Wohlsein, dem Nirwana, suchend, erreichte ich den von Verderbtheit freien, höchsten Gewinn und Wohlsein, das Nirwana. Und Erkenntnis ging mir auf und Schauen ging mir auf: Unverlierbare Erlösung des Geistes ist mein; dies ist die letzte Geburt; nicht gibt es hinfort Wiedergeburt.«

Große Reden, S. 40

Des Freud'gen Einsamkeit selig,
Der die Wahrheit erkennt und schaut!
Keinem ein Leid antun selig,
Im Zaum sich halten überall!

Selig, wer Leidenschaft abtat,
Wer alles Wünschen überwand!
Der trotz'gen Ichheit Stolz zwingen
Wahrlich ist höchste Seligkeit!«
Große Reden, S. 44

Zwei Enden gibt es, ihr Mönche, denen muss, wer dem Weltleben entsagt hat, fern bleiben. Welche zwei sind das? Hier das Leben in Lüsten, der Lust und dem Genuss ergeben: Das ist niedrig, gemein, ungeistlich, unedel, nicht zum Ziele führend. Dort Übung der Selbstquälerei: Die ist leidenreich, unedel, nicht zum Ziele führend. Von diesen beiden Enden, ihr Mönche, sich fernhaltend, hat der Vollendete den Weg, der in der Mitte liegt, entdeckt, der Blick schafft und Erkenntnis schafft, der zum Frieden, zum Erkennen, zur Erleuchtung, zum Nirwana führt. Und was, ihr Mönche, ist dieser vom Vollendeten entdeckte Weg, der in der Mitte liegt, der Blick schafft und Erkenntnis schafft, der zum Frieden, zum Erkennen, zur Erleuchtung, zum Nirwana führt? Es ist dieser edle achtteilige Pfad, der da heißt: rechtes Glauben, rechtes Entschließen, rechtes Wort, rechte Tat, rechtes Leben, rechtes Streben, rechtes Gedenken, rechtes Sichversenken. Dies, ihr Mönche, ist der vom Vollendeten entdeckte Weg, der in der Mitte liegt, der Blick schafft und Erkenntnis schafft, der zum Frieden, zum Erkennen, zur Erleuchtung, zum Nirwana führt. Dies, ihr Mönche, ist die edle Wahrheit vom Leiden. Geburt ist Leiden, Alter ist Leiden, Krankheit ist Leiden, Tod ist Leiden, mit Unliebem vereint sein ist Leiden, von Liebem getrennt sein ist Leiden, nicht erlangen, was man begehrt, ist Leiden: kurz die fünferlei Objekte des Ergreifens sind Leiden. Dies, ihr Mönche, ist die edle Wahrheit von der Entstehung des Leidens: Es ist der Durst, der zur Wiedergeburt führt, samt Freude und Begier, hier und dort seine Freude findend: der Lüstedurst, der Werdedurst, der Vergänglichkeitsdurst. Dies, ihr Mönche, ist die edle Wahrheit von der Aufhebung des Leidens: die Aufhebung dieses Durstes durch restlose Vernichtung des Begehrens, ihn fahren lassen, sich seiner entäußern, sich von ihm lösen, ihm keine Stätte gewähren. Dies, ihr Mönche, ist die edle Wahrheit vom Wege zur Aufhebung des Leidens: Es ist dieser edle achtteilige Pfad, der da heißt: rechtes Glauben, rechtes Entschließen, rechtes Wort, rechte Tat, rechtes Leben, rechtes Streben, rechtes Gedenken, rechtes

Sichversenken. ›Dies ist die edle Wahrheit vom Leiden‹: Also, ihr Mönche, ging mir über diese zuvor nicht vernommenen Ordnungen der Blick auf, ging mir die Erkenntnis auf, ging mir das Verstehen, das Wissen, das Anschauen auf. ›Diese edle Wahrheit vom Leiden muss man begreifen‹ … ›Diese edle Wahrheit vom Leiden habe ich begriffen‹: Also, ihr Mönche, ging mir über diese zuvor nicht vernommenen Ordnungen der Blick auf, ging mir die Erkenntnis auf, ging mir das Verstehen, das Wissen, das Anschauen auf.

Große Reden, S. 56 ff.

Der Erhabene aber redete zu den fünf Mönchen also: »Die Körperlichkeit, ihr Mönche, ist nicht das Selbst. Wäre die Körperlichkeit das Selbst, ihr Mönche, so könnte die Körperlichkeit nicht der Krankheit unterworfen sein, und man müsste von der Körperlichkeit sagen können: So soll mein Körper sein; so soll mein Körper nicht sein. Da aber, ihr Mönche, die Körperlichkeit ein Nichtselbst ist, deshalb ist die Körperlichkeit der Krankheit unterworfen, und man kann von der Körperlichkeit nicht sagen: So soll mein Körper sein. So soll mein Körper nicht sein. »Die Empfindungen, ihr Mönche, sind nicht das Selbst … Die Vorstellungen … die Gestaltungen, ihr Mönche, sind nicht das Selbst … Das Erkennen, ihr Mönche, ist nicht das Selbst … Wie meint ihr nun, ihr Mönche? Ist die Körperlichkeit beständig oder unbeständig?« »Unbeständig Herr.«

»Was aber unbeständig ist, ist das Leiden oder Freude?« »Leiden, Herr.«

»Was aber unbeständig, Leiden, der Veränderung unterworfen ist, kann man, wenn man das betrachtet, sagen: Das ist mein, das bin ich, das ist mein Selbst?«

»Das kann man nicht, Herr.«

Dasselbe von den andern vier Komplexen.

»Deshalb, ihr Mönche, was für Körperlichkeit es nur immer gibt, vergangene, künftige, gegenwärtige, in uns oder außerhalb, stark oder zart, gering oder hoch, in Ferne oder Nähe: Alle Körperlichkeit ist nicht mein, bin nicht ich, ist nicht mein Selbst. So muss man dies wahrheitsgemäß in rechter Weisheit ansehen. Dasselbe von den andern vier Komplexen. Wer es also ansieht, ihr Mönche, ein kundiger, edler Hörer der Lehre wendet sich ab von der Körperlichkeit, wendet sich ab von den Empfindungen, wendet sich ab von den Vorstellungen, wendet sich ab von den Gestaltungen, wendet sich ab vom Erkennen. Indem er sich davon abwendet, wird er frei von Begehren. Durch Freiheit vom Begehren wird er erlöst. Im Erlösten entsteht die Erkenntnis: Ich bin erlöst. Vernichtet ist die Geburt, vollendet der heilige Wandel, erfüllt die Pflicht; keine Rückkehr gibt es mehr zu dieser Welt: Also erkennt er.« So sprach der Erhabene.

Große Reden, S. 59 f.

Wie ein Stab, ihr Mönche, den man in die Höhe wirft, einmal mit seinem unteren Ende zum Boden niederfällt, einmal mit der Mitte und einmal mit der Spitze: So steht es auch, ihr Mönche, mit den Wesen, die gehemmt vom Nichtwissen und gefangen vom Durst umherirren und wandern. Das eine Mal gehen sie von dieser Welt zum Jenseits; das andre Mal kehren sie vom Jenseits zu dieser Welt zurück. Und woher das? Weil sie die vier edlen Wahrheiten nicht erschaut haben, ihr Mönche. Welche vier? Die edle Wahrheit vom Leiden, die edle Wahrheit von der Entstehung des Leidens, die edle Wahrheit von der Aufhebung des Leidens, die edle Wahrheit vom Weg zur Aufhebung des Leidens. Darum, ihr Mönche, müsst ihr eure Kraft daran setzen zu erkennen: ›Dies ist das Leiden‹ … und ihr müsst eure Kraft daran setzen zu erkennen: ›Dies ist der Weg zur Aufhebung des Leidens‹.«

Große Reden, S. 135

Buddha spricht zu dem jungen Gott Rohitassa. »Wo man, mein Freund, nicht geboren wird, nicht altert, nicht stirbt, kein früheres Dasein verlässt, zu keinem neuen Dasein gelangt – ein Ende der Welt, von dem solches gilt, kann durch kein Wandern erkannt, erschaut, erreicht werden: So sage ich. Aber ich sage dir auch, Freund, dass ohne der Welt Ende zu erreichen man des Leidens Ende nicht finden mag. Und ich lehre, Freund, dass in diesem klaftergroßen Körper, der von Bewusstsein erfüllt ist, der nach Asketenweise lebt, die Welt enthalten ist und der Welt Entstehung und der Welt Aufhebung und der Weg zur Aufhebung der Welt.

»Durch kein Wandern zum Weltende
Jemals man hingelangen kann,
Doch wer nicht dringt zum Weltende,
Wird von dem Leiden nicht erlöst.

Darum der Weisheitsreiche, Weltenkund'ge,
Weltend-erreichend, heil'gen Wandel übend,
Von der Welt Ende wissend, voller Frieden,
Nicht diese Welt, nicht jene Welt begehret.«

»Ich sage euch, ihr Mönche, dass durch kein Wandern der Welt Ende erkannt, erschaut, erreicht werden kann. Aber ich sage euch auch, ihr Mönche, dass ohne der Welt Ende zu erreichen man des Leidens Ende nicht finden mag.« So redete der Erhabene, stand von seinem Sitz auf und ging hinein zum Klosterhause.

Große Reden, S. 146

Die Last, ihr Mönche, will ich euch zeigen und den Lastträger, und das Aufnehmen der Last und das Ablegen der Last. Das höret! Was ist die Last, ihr Mönche? Die fünferlei Objekte des Ergreifens: So muss man antworten. Welche fünf? Die Körperlichkeit als Objekt des Ergreifens, die Empfindungen ... die Vorstellungen ... die Gestaltungen ... das Erkennen als Objekt des Ergreifens. Dies heißt die Last, ihr Mönche. Und wer ist der Lastträger, ihr Mönche? Die Person: So muss man antworten – der ehrwürdige Soundso von dem und dem Geschlecht. Der heißt der Lastträger, ihr Mönche. Und was ist das Aufnehmen der Last, ihr Mönche? Es ist der Durst, der zur Wiedergeburt führt, samt Freude und Begier, hier und dort seine Freude findend: der Lüstedurst, der Werdedurst, der Vergänglichkeitsdurst. Dies heißt das Aufnehmen der Last, ihr Mönche. Und was, ihr Mönche, ist das Ablegen der Last? Es ist die Aufhebung dieses Durstes durch restlose

Vernichtung des Begehrens, ihn fahren lassen, sich seiner entäußern, sich von ihm lösen, ihm keine Stätte gewähren. Dies heißt das Ablegen der Last, ihr Mönche.«
So sprach der Erhabene. Als so der Wohlwandelnde geredet hatte, sprach der Meister weiter also:

»Die Last nenn ich die fünf Gruppen,
Lastträger die Persönlichkeit;
Leiden: die Last sich aufladen;
Die Last ablegen: Seligkeit.

Die Last, die schwere, ablegend,
Nicht auf sich nehmend neue Last,
Ausreißend der Begier Wurzel,
Befreit von Hunger löscht man aus.«
Große Reden, S. 159 f.

Das Leiden nicht erkennen und den Ursprung des Leidens nicht erkennen und die Aufhebung des Leidens nicht erkennen und den Weg zur Aufhebung des Leidens nicht erkennen: Das wird Nichtwissen genannt.«
Große Reden, S. 160

Aus dem Endlosen, ihr Mönche, kommt die Wanderung. Kein Anfang lässt sich absehen, von welchem an die Wesen, im Nichtwissen befangen, vom Durst gefesselt, umherirren und wandern. Es kommt ein Tag, ihr Mönche, wo der Große Ozean austrocknet und vertrocknet und nicht mehr ist. Nicht aber verkünde ich euch ein Ende, das die Leiden der im Nichtwissen befangenen, vom Durst gefesselten, umherirrenden und wandernden Wesen finden werden. Es kommt ein Tag, ihr Mönche, wo der Sineru, der König der Berge, verbrennt, untergeht und nicht mehr ist. Nicht aber … Es kommt ein Tag, ihr Mönche, wo die große Erde verbrennt, untergeht und nicht mehr ist. Nicht aber … Aus dem Endlosen, ihr Mönche, kommt die Wanderung. Kein Anfang lässt sich absehen, von welchem an die Wesen, im Nichtwissen befangen, vom Durst gefesselt, umherirren und wandern. Wie meint ihr, ihr Mönche? Was ist mehr, das Wasser in den vier großen Ozeanen oder die Tränen, die geflossen und von euch vergossen sind, wie ihr auf diesem weiten Weg umherirrtet und wandertet und jammertet und weintet, weil euch zuteil wurde, was ihr hasstet, und nicht zuteil wurde, was ihr liebtet? … Durch lange Zeiten, ihr Mönche, habt ihr der Mutter Tod erfahren, habt des Vaters Tod erfahren, des Bruders Tod, der Schwester Tod, des Sohnes Tod, der Tochter Tod, Verlust der Verwandten, Verlust der Güter. Und wie ihr Verlust der Güter erfuhrt, waren mehr die Tränen, die geflossen und von euch vergossen sind ... als das Wasser in den vier großen Ozeanen. Und woher das? In der Ewigkeit, ihr Mönche, hat die Wanderung ihren Beginn ... So ist denn Ursache genug, ihr Mönche, sich von den Gestaltungen abzuwenden, vom Begehren nach ihnen sich zu befreien, die Erlösung zu gewinnen.«

Große Reden, S. 161 f.

Wie wenn, ihr Mönche, dieser Gangesstrom eine große Schaummasse mit sich führte; die sähe ein Mann mit scharfem Auge an, dachte darüber nach und prüfte sie gründlich – und wenn er sie ansieht, nachdenkt und sie gründlich prüft, erscheint sie ihm leer und nichtig und oh-ne Kern, denn was für einen Kern, ihr Mönche, hätte wohl eine Schaummasse? – Ebenso, ihr Mönche, steht es mit al-ler Körperlichkeit, die es nur immer geben mag, vergange-ner, künftiger, gegenwärtiger, in uns oder außerhalb, stark oder zart, gering oder hoch, in Ferne oder Nähe: Die sieht der Mönch an, denkt über sie nach und prüft sie gründ-lich. Und wenn er sie ansieht, nachdenkt und sie gründlich prüft, erscheint sie ihm leer und nichtig und ohne Kern: Denn was für einen Kern, ihr Mönche, hätte wohl die Kör-perlichkeit?

Große Reden, S. 183

– 195 –

Das Meer, das Meer‹, so spricht, ihr Mönche, ein Alltags-
mensch, der die Lehre nicht vernommen hat. Dies aber,
ihr Mönche, ist es nicht, was in der Ordnung des Edlen das
Meer genannt wird. Dies, ihr Mönche, ist nur eine große
Wassermasse, eine große Wasserflut. Das Auge des Men-
schen, ihr Mönche, ist das Meer; die sichtbare Welt ist das
Wüten dieses Meeres. Wer diese Meereswut der sichtbaren
Welt überwunden hat, von dem heißt es, ihr Mönche: ›Hi-
nübergelangt ist er über das Meer des Auges mit seinen
Wogen, seinen Strudeln, seinen Ungeheuern, seinen
Meergeistern. Er ist drüben, hat das Ufer erreicht. Auf fes-
tem Boden steht er, ein Brahmane!‹«
Dasselbe wird wiederholt vom Ohr mit seinen Objekten
und den andern Sinnen.
So sprach der Erhabene. Als so der Wohlwandelnde gere-
det hatte, sprach der Meister weiter also:
»Hat man dies Meer mit seinen Wasserschlünden,
Voll Wogen, Meergeistern und Ungeheuern
Durchschifft, hat man Weisheit und Heiligkeit erlangt.
Das Land hat man, man hat des Weltalls Ziel erreicht.«
  Große Reden, S. 184 f.

Wie, ihr Mönche, eine Wasserrose oder eine blaue Lotusblume oder eine weiße Lotusblume, im Wasser geboren,
im Wasser erwachsen, über das Wasser sich erhebt, vom
Wasser unbenetzt: Ebenso, ihr Mönche, steht der Vollendete da, in der Welt erwachsen, die Welt überwindend,
von der Welt unbefleckt.

Große Reden, S. 193

Wer hundertfaches Liebes hat, Visakha, für den gibt es
hundertfaches Leid. Wer neunzigfaches Liebes hat, für
den gibt es neunzigfaches Leid ... Wer ein Liebes hat, für
den gibt es ein Leid; wer kein Liebes hat, für den gibt es
kein Leid. Frei von Schmerz, frei von Unreinheit, frei von
Verzweiflung sind sie: So sage ich.«

»Was es an Leiden gibt, an Schmerz und Klagen
In dieser Welt in zahllosen Gestalten,
Das kommt nur davon, dass wir Liebes haben.
Hast du nichts Liebes, nah'n dir keine Leiden.

Dies sind die Freud'gen drum, die Leiderlösten,
Für die hienieden sich nichts Liebes findet.

Begehrst du nach der schmerzlos reinen Stätte,
Sieh zu denn, dass dir in der Welt nichts lieb sei.«
Große Reden, S. 197 f.

Und was, ihr Mönche, ist das Elend der Lüste? Da erwirbt, ihr Mönche, ein edler Jüngling seinen Lebensunterhalt durch Ausübung einer Kunst: Sei es durch Handrechnen, sei es durch Zählen, sei es durch anderes Rechnen, sei es durch Ackerbau, sei es durch Handel, sei es durch Viehzucht, sei es durch Waffenhandwerk, sei es durch königlichen Dienst, oder durch welche Kunst es auch immer sein mag. Der muss sich der Kälte aussetzen und muss sich der Hitze aussetzen; er leidet von Belästigung durch Bremsen und Mücken, Sturm, Sonnenglut und Gewürm; er wird von Hunger und Durst gequält. Dies, ihr Mönche, ist Elend der Lüste, eine Masse von Leiden in diesem sichtbaren Dasein, um der Lust willen, infolge der Lust, der Lust zuliebe, erlitten allein um der Lüste willen. Wenn nun ein solcher edler Jüngling, der so aufsteht und arbeitet und sich bemüht, die erstrebten Güter nicht erlangt, so wird er traurig und elend; er jammert, schlägt sich die Brust, weint und gerät außer sich: ›Vergeblich war es, dass ich aufstand, vergeblich ach all mein Mühen!‹ Auch dies, ihr Mönche,

ist Elend der Lüste ... Wenn aber ein solcher edler Jüngling, der so aufsteht und arbeitet und sich bemüht, die erstrebten Güter erlangt, so muss er, diese Güter zu behüten,
Schmerz und Verlust auf sich nehmen: ›Dass nur nicht die
Könige mir meine Güter rauben und dass Diebe sie mir
nicht rauben und Feuer sie nicht verbrennt und Wasser sie
nicht wegschwemmt und verhasste Erben sie nicht an sich
ziehen!‹ Wenn er nun so seine Güter hütet und bewacht,
rauben die Könige sie, oder rauben Diebe sie, oder Feuer
verbrennt sie, oder Wasser schwemmt sie weg, oder verhasste Erben ziehen sie an sich. Dann wird er traurig und
elend; er jammert, schlägt sich die Brust, weint und gerät
außer sich: ›Was ich einst hatte, das habe ich jetzt nicht
mehr!‹ Auch dies, ihr Mönche, ist Elend der Lüste ... Und
weiter, ihr Mönche, um der Lust willen, infolge der Lust,
der Lust zuliebe, allein um der Lüste willen geschieht es,
dass Könige mit Königen streiten, und Edle streiten mit
Edlen, und Brahmanen streiten mit Brahmanen, und Bür-
ger streiten mit Bürgern, und die Mutter streitet wider den
Sohn, und der Sohn streitet wider die Mutter, und der Vater streitet wider den Sohn, und der Sohn streitet wider
den Vater, und der Bruder streitet wider den Bruder, und
der Bruder streitet wider die Schwester, und die Schwester
streitet wider den Bruder, und der Genosse streitet wider
den Genossen. So geraten sie in Zank und Zwietracht und
Streit, und sie gehen aufeinander los mit ihren Fäusten,

und sie gehen aufeinander los mit Erdklumpen, und sie gehen aufeinander los mit Stöcken, und sie gehen aufeinander los mit Waffen. Und so trifft sie der Tod oder todesgleiches Leiden. Auch dies, ihr Mönche, ist Elend der Lüste ... Und weiter, ihr Mönche, um der Lust willen, infolge der Lust, der Lust zuliebe, allein um der Lüste willen geschieht es, dass man zu Schwert und Schild greift, und man umgürtet sich mit Bogen und Köcher, und die Schlachtreihen werden auf beiden Seiten aufgestellt, und man stürzt sich in den Kampf: Da fliegen die Pfeile und fliegen die Lanzen und blitzen die Schwerter. Und man trifft sich mit Pfeilen und trifft sich mit Lanzen und schlägt einander mit dem Schwert das Haupt ab. Und so wird man vom Tod betroffen oder von todesgleichem Leiden. Auch dies, ihr Mönche, ist Elend der Lüste ...«

Große Reden, S. 201 f.

Also habe ich gehört.
Einstmals verweilte der Erhabene zu Savatthi, im Jetavana, dem Garten des Anathapindika. Und der Erhabene saß nachts, im Dunkel und Finsternis, im Freien, während Öllampen brannten. Da kamen nun viele Motten zu den Öllampen geflogen und flogen herum und fanden Verderben

und fanden den Tod und fanden Verderben und Tod. Da sah der Erhabene, wie die vielen Motten zu den Öllampen geflogen kamen … und Verderben und Tod fanden. Solches sehend, tat der Erhabene zu der Zeit den Ausruf:

»Sie dringen nicht zum Kern; umher sie schwirren,
Schaffen sich neue, immer neue Bindung.
Sie fliegen in die Flammen wie die Motten,
An ihrem Sehn, an ihrem Hören hängend.«
    Große Reden, S. 203

In dunkler Höhlengruft verborgne Wesen,
Die Menschen, tief in wirren Wahn versunken
Von Abgeschiedenheit wie sind sie ferne!
Nicht leicht ist's in der Welt die Weltlust meiden!

Ich sehe in der Welt die Kreaturen,
Die Durstgequälten, sich durchs Werden winden.
Sie jammern elend in des Todes Rachen.
Dem Durst nach Sein um Sein sie nicht entrinnen.

Schau hin auf die, die »mein« zum Dasein sagen,
Zuckend gleich Fischen, wenn der Fluss versiegt ist.

Drum wandle man, von allem »Mein« sich lösend.
Mit seinem Wunsch an keinem Dasein haftend.
  Große Reden, S. 204

Wie am Ufer der Fisch zappelt,
Den man dem Wasserschoß entriss,
Zuckt und müht sich der Geist hilflos
Zu entrinnen aus Maras* Reich.
  Große Reden, S. 206

Dem Wachenden die Nacht lang ist,
Dem müden Wandrer lang der Weg.
Lang sind des Daseins Irrpfade,
Dem, der nicht schaut der Wahrheit Licht.

* Mara verkörpert im Buddhismus das Prinzip des Todes und des Bösen und ist die Personifizierung des Leidens, von dem der Mensch sich durch die Lehre Buddhas befreien kann. Er tritt oft auf als der große Versucher, der Buddha vom Weg der Erleuchtung abbringen will und ist darin vergleichbar dem biblischen Satan, der Jesus im Neuen Testament versucht.

»Söhne sind mein, Besitz mein ist« –
Sorge darum den Toren quält.
Ihm ist ja nicht sein Ich eigen:
Wie hätt' er Söhne und Besitz?
Große Reden, S. 207

Wer sein Leben in Leichtsinn lebt,
Schlingpflanzengleich wächst sein Begehren an.
Wandernd durchirrt er diese und jene Welt,
Wie Früchte suchend im Wald der Affe springt.
Große Reden, S. 208

Vergänglich ist jegliches Sein:
Wenn man wahrhaftig dies erkennt,
Vom Leid man sich hinwegwendet.
Der Weg ist's, der zur Reinheit führt.
Voll Leiden ist jegliches Sein:
Wenn man wahrhaftig dies erkennt,
Vom Leid man sich hinwegwendet.
Der Weg ist's, der zur Reinheit führt.

Der Selbstheit alles Sein bar ist:
Wenn man wahrhaftig dies erkennt,
Von Leid man sich hinwegwendet.
Der Weg ist's, der zur Reinheit führt.

Große Reden, S. 208

Zweierlei Suchen gibt es, ihr Mönche: edles Suchen und unedles Suchen. Und was ist unedles Suchen, ihr Mönche? Da sucht, ihr Mönche, jemand, der selbst der Geburt untertan ist, nach dem, das gleichfalls der Geburt untertan ist. Jemand, der selbst dem Alter untertan ist, sucht nach dem, das gleichfalls dem Alter untertan ist. Jemand, der selbst der Krankheit ... dem Tod ... den Schmerzen ... der Verderbtheit untertan ist, sucht nach dem, das gleichfalls der Verderbtheit untertan ist. Und was, ihr Mönche, würdet ihr wohl der Geburt untertan nennen? Weib und Kind, ihr Mönche, sind der Geburt untertan; Knecht und Magd sind der Geburt untertan; Ziegen und Schafe sind der Geburt untertan; Hühner und Schweine sind der Geburt untertan; Elefanten, Rinder, Hengste und Stuten sind der Geburt untertan; Gold und Silber ist der Geburt untertan. Der Geburt untertan, ihr Mönche, sind alle diese Daseinselemente. Davon gefesselt, verblendet, besessen sucht man, selbst der Geburt untertan, nach dem, das gleichfalls der Geburt untertan ist. Und was, ihr Mönche, würdet ihr wohl dem Alter untertan nennen? Weib und Kind … entsprechend wie eben. Und was, ihr Mönche, würdet ihr wohl der Krankheit untertan nennen? … Wie oben, doch unter Weglassung von Gold und Silber. Und was, ihr Mönche, würdet ihr wohl dem Tod … den Schmerzen … der Verderbtheit untertan nennen? … Wie eben; Gold und Silber nur beim letzten Gliede. Dies, ihr Mönche, ist unedles Suchen. Und was ist edles Suchen, ihr Mönche? Da erkennt, ihr Mönche, jemand, der selbst der Geburt untertan ist, das Elend, das dem Gesetz der Geburt innewohnt, und er sucht nach dem von Geburt freien höchsten Gewinn und Wohlsein, dem Nirwana. Jemand, der selbst dem Alter untertan ist … der Krankheit … dem Tode … den Schmerzen … der Verderbtheit untertan ist, erkennt das Elend, das dem Gesetz der Verderbtheit innewohnt, und sucht nach dem von Verderbtheit freien höchsten Gewinn und Wohlsein, dem Nirwana. Dies, ihr Mönche, ist edles Suchen.«

Große Reden, S. 228 ff.

Die ganze Welt verzehrt Feuer,
Die ganze Welt ist rauchumhüllt,
Die ganze Welt erfüllt Beben,
In Flammen steht die ganze Welt.

Von dem die Vielen fern bleiben,
Das unbewegte, stille Land,
Dahin Mara nicht Weg findet:
Das ist es, wo mein Herze weilt.

Große Reden, S. 209

So hat der Erhabene geredet; so hat der Heilige geredet: Also habe ich gehört.

»Ein Mönch, der drei Eigenschaften hat, ihr Mönche, dringt hinüber über Maras Reich und leuchtet wie die Sonne. Welche drei sind das? Da ist ein Mönch, ihr Mönche, mit Tugend begabt, an der nichts fehlt, und er ist mit Versenkung begabt, an der nichts fehlt, und er ist mit Weisheit begabt, an der nichts fehlt. Ein Mönch, der diese drei Eigenschaften hat, ihr Mönche, dringt hinüber über Maras Reich und leuchtet wie die Sonne.«

So hat der Erhabene gesprochen; davon heißt es:

»Tugend, Versenkung samt Weisheit:
Wer dies gar wohl zu üben weiß,
Dringt hinaus aus dem Reich Maras;
Hell erstrahlt er der Sonne gleich.«

Auch dies hat der Erhabene gesagt: Also habe ich gehört.
Große Reden, S. 256

Menschenverkehr erzeugt Sorge;
Daheim weilt man in Unreinheit.
Heimat, Verkehr von sich abtun:
Das ist's, worauf der Weise schaut.
Wer in sich Werden tilgt, kein neues Werden sät,
Wer Pflege nicht gewährt dem, was entstehen will,
Den Weisen nennt man ihn, den einsam Wandelnden.
Ein großer Seher, schaut er der Erlösung Reich.

Allsingend, allerkennend, allverstehend,
Allunbehaftet von Geschehn und Dasein,
Ein Allverlassender, ein Dursterlöster:
Er ist es, den man mag als Weisen rühmen.

Der einsam Wandelnde, sich nie vergessend,
Bei Lob und Tadel unbewegten Sinnes,
Dem Löwen gleich, vor keinem Laut erzitternd,
Dem Winde gleich, in keinem Netz gefangen,
Dem Lotus gleich, an dem kein Tropfen haftet,
Der andern Führer, nicht geführt von andern:
Er ist es, den man mag als Weisen rühmen.

Ungleich, an weit entfernten Stätten wohnen sie,
Der Haus und Weib hat, und der fromm von allem ließ.
Ein Weltkind, zügellos, schont fremdes Leben nicht,
Der Weise hütet aller Wesen Leben stets.

Gleichwie der Pfau, das blaugehalste Flügeltier,
Es nicht des Schwanes mächt'gem Fluge gleichtun mag,
So kommt ein Weltkind nicht dem Mönch, dem Bettler
Dem Weisen, der in Waldesstille Schauung übt. [gleich,
        Große Reden, S. 256 f.

Wer den Zorn bezwingt, der sich in ihm regt,
Wie Kräuter bänd'gen der Viper Gift,
Der Mönch dem Hüben und Drüben entrinnt,
Wie der alten Haut die Schlange entschlüpft.

Der ausgerottet hat alle Begier,
Wie den Lotus man pflückt in des Teiches Nass,
Der Mönch dem Hüben und Drüben entrinnt,
Wie der alten Haut die Schlange entschlüpft.

Der ausgerottet hat jeglichen Durst,
Austrocknend des Stromes raschen Lauf,
Der Mönch dem Hüben und Drüben entrinnt,
Wie der alten Haut die Schlange entschlüpft.

Der in sich zerstört hat allen Stolz,
Wie gebrechlichen Rohrdamm der starke Fluss,
Der Mönch dem Hüben und Drüben entrinnt,
Wie der alten Haut die Schlange entschlüpft.

Der im Werden nicht findet festen Kern,
Als suchte man Blumen am Feigenbaum,
Der Mönch dem Hüben und Drüben entrinnt,
Wie der alten Haut die Schlange entschlüpft.

Aus dessen Innern der Zorn entwich
Der jegliche Daseinsform überwand,
Der Mönch dem Hüben und Drüben entrinnt,
Wie der alten Haut die Schlange entschlüpft.

Der zu weit nicht denkt und zurück nicht denkt,
Der als falsch hat alles erkannt in der Welt,
Der Mönch dem Hüben und Drüben entrinnt,
Wie der alten Haut die Schlange entschlüpft.
Große Reden, S. 266 f.

Wie sich Schildkröten in der Schale bergen,
So soll der Mönch all eitles Sinnen einziehn.
An nichts sich heftend, niemanden verletzend
Tadle er andre nicht. Er weil' in Frieden.
Große Reden, S. 268

Das Ich nur ist des Ich Schützer.
Wie sollt' ein Andrer Schützer sein?
Kannst du das eigne Ich bänd'gen,
Kostbarster Schutz gewonnen ist.
Große Reden, S. 268

Mag bezwingen ein Held siegreich
Tausendmal tausend Feind' im Kampf:
Wer seinem eignen Ich obsiegt,
Ist aller Sieger herrlichster …

Kein Gott droben und kein Halbgott,
Nicht Mara und nicht Brahma selbst:
Keiner kann je zunicht' machen
So starken Siegers Siegsgewinn.
Große Reden, S. 269

Kanalerbauer leiten Wasserfluten.
Pfeilschmiede machen Pfeile schlicht und grade.
Das Holz zu graden Balken haut der Zimmerer.
Das widerspenst'ge Selbst bezwingt der Weise.
Große Reden, S. 270

An vielen Stellen sucht Zuflucht,
Auf Bergeshöhen und im Wald,
Bei heil'gem Baum, in Haintiefe
Die Menschenwelt, von Furcht gequält.

Solche Zuflucht bringt nicht Frieden,
Es ist die wahre Zuflucht nicht.
Wer bei ihr Rettung will finden,
Wird nicht befreit von allem Leid.

Wer beim Buddha, der Heilslehre
Und der Gemeinde Zuflucht nimmt,
Wer die vier edlen Wahrheiten
Mit voller Geisteskraft erschaut,

Das Leiden und des Leids Ursprung
Und des Leidens Bewältigung,
Den heilgen Pfad von acht Gliedern,
Der zu des Leidens Ende führt:

Solche Zuflucht gewährt Frieden;
Dieses die höchste Zuflucht ist.
Wer bei ihr Rettung will finden,
Der wird befreit von allem Leid.

Nichts gilt Versenkung ohne Weisheit,
Weisheit ohne Versenkung nichts.
Ist dein Versenkung und Weisheit,
Bist vom Nirwana du nicht fern.
Große Reden, S. 272

Alle Freuden der Weltlüste
Und die Freuden der Himmelswelt
Den kleinsten Teil nicht aufwiegen
Der Freud am Durstesuntergang.«
Große Reden, S. 273

Wie wenn, ihr Mönche, aus Öl und Docht erzeugt, das Licht einer Öllampe brennte, und ein Mann von Zeit zu Zeit Öl aufgösse und den Docht besorgte: Dann würde, ihr Jünger, die Öllampe, da ihre Flamme solche Nahrung hat und solchen Brennstoff erfasst, andauernd, lange Zeit hindurch brennen. So wird auch, ihr Mönche, in dem, der sich dem Reiz der Daseinsfesseln überlässt, der Durst gemehrt, aus dem Durst ersteht Ergreifen (der Existenz); aus Ergreifen entsteht Werden; aus Werden entsteht Geburt; aus Geburt entsteht Alter und Tod, Schmerz und Klagen, Leid, Kümmernis und Verzweiflung: Dieses ist die Entstehung des ganzen Reiches des Leidens.«

Wie wenn, ihr Mönche, aus Öl und Docht erzeugt, das Licht einer Öllampe brennte, und niemand von Zeit zu Zeit Öl aufgösse und den Docht besorgte: Dann würde, ihr Jünger, die Öllampe, da der alte Brennstoff verzehrt ist und kein neuer hinzugetan wird, aus Mangel an Nahrung verlöschen. So wird auch, ihr Mönche, in dem, der in der Erkenntnis von der Verderblichkeit der Daseinsfesseln verharrt, der Durst aufgehoben; durch Aufhebung des Durstes wird das Eingreifen (der Existenz) aufgehoben ...: Dieses ist die Aufhebung des ganzen Reiches des Leidens.«

Große Reden, S. 274 f.

Wer unten, oben, überall gelöst ist
Von jeder Fessel, wer nicht denkt der Ichheit:
Der also Freie hat durchschifft die Fluten,
Die undurchschifften, kehrt zum Sein nicht wieder.«

Große Reden, S. 276

Wie mächt'gen Berges Felsmasse
Vom Sturme nicht erschüttert wird,

So wird weisen Gemüts Frieden
Von Lob, von Tadel nicht bewegt.
Große Reden, S. 276

Den Wiedergeburtsweg endlos
Habe vergeblich ich durchirrt,
Des Hauses Baumeister suchend;
Leidvoll ist der Geburten Los.

Hauserbauer! Entdeckt bist du!
Nicht wirst du wieder bau'n das Haus.
Deine Balken zerstört liegen,
Zerbrochen alle Zinnen sind.
Das Herz, entfloh'n dem Welttreiben
Hat alles Wollens End erreicht.
Große Reden, S. 277

Wir leben immerdar fröhlich,
Feindlos unter Verfeindeten.
Unter des Menschenvolkes Feindschaft
Weilen wir aller Feindschaft bar.

Wir leben immerdar fröhlich,
Unter Kranken von Krankheit frei.
Unter des Menschenvolks Krankheit
Weilen wir aller Krankheit bar.

Wir leben immerdar fröhlich,
Unter Rastlosen ruhereich.
Unter des Menschenvolks Unruh
Weilen wir aller Unruh bar.

Wir leben immerdar fröhlich,
Befreit von Habe und Besitz.
Gleich den Göttern der Lichtreiche
Von Freudenspeise leben wir.
Große Reden, S. 278

Visakha, ein Laiengläubiger, befragt die weise Nonne
Dhammadinna. »Was ist nun, Herrin, das Gegenstück der
freudigen Empfindung?«
»Der freudigen Empfindung Gegenstück, Freund Visakha, ist die schmerzliche Empfindung.«

»Und was ist, Herrin, das Gegenstück der schmerzlichen Empfindung?«

»Der schmerzlichen Empfindung Gegenstück, Freund Visakha, ist die freudige Empfindung.«

»Und was ist, Herrin, das Gegenstück der weder schmerzlichen noch freudigen Empfindung?«

»Der weder schmerzlichen noch freudigen Empfindung Gegenstück, Freund Visakha, ist das Nichtwissen.«

»Und was ist, Herrin, das Gegenstück des Nichtwissens?«

»Des Nichtwissens Gegenstück, Freund Visakha, ist das Wissen.«

»Und was ist, Herrin, das Gegenstück des Wissens?«

»Das Gegenstück des Wissens, Freund Visakha, ist die Erlösung.«

»Und was ist, Herrin, das Gegenstück der Erlösung?«

»Der Erlösung Gegenstück, Freund Visakha, ist das Nirwana.«

»Und was ist, Herrin, das Gegenstück des Nirwana?«

»Du gehst zu weit, Freund Visakha, mit deiner Frage. Du hast nicht die Grenze des Fragens innezuhalten gewusst. Denn im Nirwana, Freund Visakha, findet der heilige Wandel festen Grund; das Nirwana ist sein Endziel, das Nirwana sein Abschluss. Wenn du aber willst, Freund Visakha, magst du zum Erhabenen gehen und ihn hierüber befragen; wie der Erhabene es dir offenbart, so magst du es halten.«

Er tut dies, und Buddha bestätigt die Antwort, die Dhammadinna jenem gegeben hat; er selbst würde genau ebenso antworten.

Große Reden, S. 297 f.

Es gibt, ihr Mönche, eine Stätte, wo nicht Erde ist, nicht
Wasser, nicht Feuer, nicht Luft, nicht die Stufe der Raum-
unendlichkeit, nicht die Stufe der Erkenntnisunendlich-
keit, nicht die Stufe der Nichtirgendetwasheit, nicht die
Stufe von weder Vorstellen noch Nichtvorstellen, nicht
diese Welt noch jene Welt, beide Mond und Sonne. Das
nenne ich, ihr Mönche, nicht Kommen noch Gehen noch
Stehen noch Sterben noch Geburt. Ohne Grundlage, ohne
Fortgang, ohne Halt ist es. Das ist des Leidens Ende.«

Große Reden, S. 299

Für das, was an anderm haftet, gibt es Wanken. Für nicht
Haftendes gibt es kein Wanken. Wo kein Wanken ist, ist
Ruhe. Wo Ruhe ist, ist keine Lust. Wo keine Lust ist, ist
kein Kommen und Gehen. Wo kein Kommen und Gehen
ist, ist kein Sterben und keine Geburt. Wo kein Sterben

und keine Geburt ist, ist kein Hienieden, kein Drüben,
kein Dazwischen. Das ist des Leidens Ende.«

Große Reden, S. 300

In des furchtbaren Meers Mitte
(so sprach der ehrwürdige Kappa),
Wo finden in der Wogen Wut
Die Alter – Tod – Verfallenen
Eine Insel? Das künde mir.
Die Insel mir, o Herr, zeige:
›Sie ist's, halt andres nicht dafür!«

»In des furchtbaren Meers Mitte
(o Kappa, sprach der Erhabene),
Da finden in der Wogen Wut
Eine Insel! Die künd ich dir.
Wo's kein Etwas, kein Festhalten
Gibt, die Insel, die einzige:
Sie heißt mit Namen Nirwana,
Die Alter – Tod – entnommene.

Die Wachsamen, die dies wissen,
Die hienieden Erloschenen,

Folgen nicht dem Gebot Maras,
Sie wandeln nicht auf Maras Pfad.«
Große Reden, S. 300 f.

Gleichwie das Licht, vom Windeswehn getroffen
(o Upasiva, sprach der Erhabene).
Zur Ruhe eingeht und dem Blick entschwindet,
So geht der Weise, Nam' und Leib ablegend,
Zur Ruhe ein, entschwindend jedem Blicke.«

»Ist, wer zur Ruhe ging, dem Sein entnommen?
Gehört ihm ew'ges Sein, frei von Gebrechen?
Das wolle du mir, Weiser, offenbaren,
Denn kund ist dir in Wahrheit diese Ordnung.«

»Den, der zur Ruhe ging, kein Maß ermisst ihn
(o Upasiva, sprach der Erhabene),
Von ihm zu sprechen gibt es keine Worte.
Zunichte ward, was das Denken könnt' erfassen:
So ward zunicht auch jeder Pfad der Rede.«
Große Reden, S. 301

In den Lüsten nur Leid schauend,
Frieden in der Entsagung nur,
Will vorwärts ich zum Ziel streben;
Das ist's, woran mein Herz sich freut.«
Große Reden, S. 311

Wer schon jung dieser Welt absagt,
Als Mönch wandelt nach Buddhas Wort,
Wach, wenn alle der Schlaf bändigt:
Nicht kam vergebens er zur Welt.
Große Reden, S. 311

Was ist aber, ihr Mönche, die heilige Wahrheit vom Leiden? Geburt ist Leiden, Alter ist Leiden, Krankheit ist Leiden, Sterben ist Leiden, Kummer, Jammer, Schmerz, Gram und Verzweiflung sind Leiden, mit Unliebem verbunden sein ist Leiden, von Liebem getrennt sein ist Leiden, was man begehrt, nicht erlangen, das ist Leiden, kurz gesagt: Die fünf Stücke des Anhangens sind Leiden.
Pfeiler, S. 22

Was es auch, Mönch, für eine Form sei, vergangene, zu-
künftige, gegenwärtige, eigene oder fremde, grobe oder
feine, gemeine oder edle, ferne oder nahe: Alle Form ist,
der Wahrheit gemäß, mit vollkommener Weisheit also angesehn: ›Das gehört mir nicht, das bin ich nicht, das ist
nicht mein Selbst.‹ Was es auch für ein Gefühl, was es
auch für eine Wahrnehmung, was es auch für eine Unter-
scheidung, was es auch für ein Bewusstsein sei, vergange-
nes, zukünftiges, gegenwärtiges, eigenes oder fremdes,
grobes oder feines, gemeines oder edles, fernes oder na-
hes: Alles Gefühl, alle Wahrnehmung, alle Unterschei-
dung, alles Bewusstsein ist, der Wahrheit gemäß, mit vollkommener Weisheit also angesehn: ›Das gehört mir nicht,
das bin ich nicht, das ist nicht mein Selbst.‹ So können,
Mönch, einen Wissenden, so einen Sehenden, bei allen
äußeren Eindrücken auf diesen mit Bewusstsein behafte-
ten Körper da, der Ichheit und Meinheit Dünkelanwand-
lungen nicht ankommen.«
   Pfeiler, S. 54 f.

Anhaftend keimen auf, erwachsen Leiden,
So vielgestalt auch in der Welt entstanden;
Unwissend wer Anhaften hat erkoren

Erleidet lässig immer wieder Elend:
Und also wird man weise nicht mehr haften,
Wo Leiden man entstehn sieht und erwachsen.
Pfeiler, S. 101

Das Leiden, wer es nicht erkennt,
Wie Leiden sich entwickeln kann,
Und wo das Leiden allzumal
Sich ohne Überrest verliert,
Und wer den Weg da nicht gewahrt,
Aus Leiden der hinüberlenkt:

Gemüterlöst, er wird es kaum,
Weisheiterlöst noch minder sein;
Nicht kann er Ende wirken aus,
Geburt und Alter überstehn.

Das Leiden aber wer erkennt,
Wie Leiden sich entwickeln kann,
Und wo das Leiden allzumal
Sich ohne Überrest verliert,
Und wer den Weg da wohl gewahrt,
Aus Leiden der hinüberlenkt:

Gemüterlöst, er wird es bald,
Weisheiterlöst nicht minder sein;
Er kann das Ende wirken aus,
Geburt und Alter überstehn.
  Pfeiler, S. 100

W as irgend auch an Leid entsteht,
Aus Unterschieden stammt es her;
Wo Unterschiede schwinden weg,
Nicht kann da Leid entwickelt sein.

Wer jenen Jammer wohl gemerkt,
Dass Leid aus Unterschied erfolgt,
Wer alles Unterscheiden stillt,
Wahrnehmen, wer es stauen kann,
Versiegen lässt er so das Leid,
Wer da erdacht hat, wie es wird.

Vollkommen blickend weise durch,
Vollkommen wissend aufgeklärt:
Entronnen aus dem Todesreich
Befährt man keinen Werdegang.
  Pfeiler, S. 102

Was irgend auch an Leid entsteht,
Ist aus Bewusstsein hergestammt;
Bewusstsein wo man schwinden lässt,
Nicht kann da Leid entwickelt sein.

Wer jenen Jammer wohl gemerkt,
Dass aus Bewusstsein Leid erfolgt:
Bewusstsein stillen mag der Mönch,
Erlöschen also, ausgeglüht.
Pfeiler, S. 103

Als Wohl, als Wehe was sich gibt,
Und nicht als Wehe, nicht als Wohl,
Nach innen wie nach außen hin,
Was irgend auch empfunden wird:

Als Leiden sei es recht erkannt;
Es schleicht sich an, es bricht herein,
Und wie es wieder weg sich stiehlt,
Da stellt sich Ekel ein davor.
Empfinden wer versiegen lässt,
Entwickeln lässt er nimmer Leid.
Große Reden, S. 104

Dem Dürsten wer verdungen sich,
Geraume Zeiten kreist er um,
Um dieses Dasein, Dasein dort,
Und kann dem Kreis entrinnen nicht.

Wer jenen Jammer wohl gemerkt,
Dass Dürsten Leid entwickeln muss:
Wer durstgenesen nichts mehr nimmt,
Gewärtig zieh' er hin, der Mönch.
Große Reden, S. 105

Uneingepflanzter zittert nicht;
Als Eingepflanzter hangt man an,
An diesem Dasein, Dasein dort,
Und kann dem Kreis entrinnen nicht.

Wer jenen Jammer wohl gemerkt,
Dass Eingepflanztsein Übel mehrt:
Uneingepflanzt und ohne Hang,
Gewärtig zieh' er hin, der Mönch.
Große Reden, S. 108

TOD UND VERGÄNGLICHKEIT

Habe ich es dir nicht im Voraus gesagt, Ananda*: Von allem, was uns lieb und wert ist, müssen wir uns trennen, müssen uns von ihm abscheiden, es muss anders damit werden? Wie wäre es denn, Ananda, möglich, dass, was geboren, geworden, gestaltet, der Auflösung untertan ist, sich nicht auflöste? Das kann nicht sein.

Große Reden, S. 116

Der Gedanke an die Vergänglichkeit, ihr Mönche, wenn man ihn in sich fördert und ihm weiten Raum gibt, erfasst alle Begier, die sich auf Lust richtet, alle Begier, die sich auf Gestalt richtet, alle Begier, die sich auf Werden richtet, alles Nichtwissen, allen Stolz des ›Ich bin‹ und vernichtet alles das. Wie in der Herbstzeit, ihr Mönche, ein Pflüger mit einem großen Pflug pflügt und alles Wurzelgeflecht zer-

* Ananda ist ein Cousin des Buddha und sein Lieblingsjünger.

reißt, so erfasst auch der Gedanke an die Vergänglichkeit,
ihr Mönche, wenn man ihn in sich fördert.

Große Reden, S. 186

Als ob zum Himmel aufragend
Mächt'ge Felsen und Bergeshöhn
Uns umschließend herankämen,
Alles Dasein zermalmend rings:

So naht Alter, der Tod nahet
Allem, was atmet und sich regt,
Brahmanen, Adelsherrn, Bürgern
Bis zu den Niedrigsten herab.

Ihr Andringen verschont keinen;
Alle zermalmt die Übermacht.
Nichts vermögen da Streitwagen,
Elefanten, Soldatenheer,
Und auch durch kluge Ratschläge,
Durch Geld bezwingt man nicht den Feind.

Darum der weise Mann klüglich,
Wohl bedenkend sein höchstes Heil

Auf Buddha, auf die Heilslehre,
Auf die Gemeinde gläubig baut.

Wer durch sein Tun dem Recht huldigt,
Durch sein Denken und durch sein Wort,
Hienieden Ehr' und Preis findet.
Droben genießt er Himmelslust.«
  Große Reden, S. 188 f.

Also habe ich gehört.
Einstmals verweilte der erhabene Buddha zu Rajagaha, im
Veluvana, dem Kalandakanivapa.
Da sprach der Erhabene zu den Mönchen: »Ihr Mönche!«
»Herr und Meister«, so erwiderten die Mönche dem Erhabenen.
Und der Erhabene sprach also: »Ihr Mönche, dies Menschenleben ist kurz. Ins Jenseits geht man. Tugend muss
man üben. In Heiligkeit muss man wandeln. Nichts Gebo-
renes ist dem Tod entnommen. Wer lange lebt, ihr Mönche, der lebt hundert Jahre oder um ein Weniges länger.«
Da ging Mara der Böse zum Erhabenen hin und sprach
zum Erhabenen diesen Spruch:

»Das Menschenleben, lang ist es;
Drum sei sorglos der rechte Mann
Dem Säugling gleich, dem milchtrunkenen,
Denn nicht erreicht ihn ja der Tod.«

Der Erhabene aber erkannte Mara den Bösen und sprach
zu ihm diesen Spruch:

»Das Menschenleben, kurz ist es;
Voll Sorgen sei der rechte Mann,
Wie wenn Flammen sein Haupt fassten,
Denn nicht verschont ihn ja der Tod.«
Da sah Mara der Böse: »Der Erhabene kennt mich; der
Wohlwandelnde kennt mich.« Und traurig und unmutig
verschwand er von selbiger Stätte.
        Große Reden, S. 189 f.

Zu Buddha kommt König Pasenadi und fragt ihn: »Gibt
es, Herr, für das, was geboren ist, ein Dasein ohne Alter
und Tod?«
»Es gibt kein Dasein, großer König, ohne Alter und Tod.
Und auch die großen Herren vom Adel, die in allem Wohl-

stand leben, die reich sind an Besitz und Habe, die Gold und Silber in Menge besitzen, und Reichtümer und alles, dessen sie bedürfen, in Menge besitzen, und Schätze und Getreide in Menge besitzen: Auch für sie, wie sie geboren sind, gibt es kein Dasein ohne Alter und Tod. Und auch die großen Herren vom Brahmanenstand und die großen Herren vom Bürgerstand, die in allem Wohlstand leben … gibt es kein Dasein ohne Alter und Tod. Und auch die Mönche, großer König, die heiligen, die alles Verderben abgetan haben, die den heiligen Wandel erfüllt, ihr Werk getan, ihre Last abgelegt, das Ziel des Heiles erreicht, die Fesseln des Werdens zerbrochen, in voller Erkenntnis die Erlösung gefunden haben: Auch ihr Leib muss zerbrechen und sie müssen ihn von sich legen.«

»Der Kön'ge prächt'ge Wagen, sie verfallen.
Verfallen lässt das Alter unsre Leiber.
Der Edlen Lehre wird nicht alt, verfällt nicht,
Und Edle künden sie mit edlen Helfern.«
        Große Reden, S. 191

Also habe ich gehört.

Einstmals verweilte der Erhabene zu Savatthi, im Jetavana, dem Park des Anathapindika. Zu dieser Zeit nun war eines Laienjüngers einziges Söhnlein gestorben, das er liebte und das seine Freude war. Da kamen zur heißen Tageszeit viele Laienjünger mit nassen Gewändern und nassem Haar zum Erhabenen, brachten ihm ehrfurchtsvollen Gruß und setzten sich zur Seite nieder. Wie sie so zur Seite dasaßen, sprach der Erhabene zu den Laienjüngern: »Warum, ihr Laienjünger, kommt ihr zur heißen Tageszeit mit nassen Gewändern und nassem Haar hierher?«

Als er so geredet hatte, sprach jener Laienjünger zum Erhabenen also: »Mein einziges Söhnlein, Herr, ist gestorben, das ich liebte und das meine Freude war. Darum kommen wir zur heißen Tageszeit hierher mit nassen Gewändern und nassem Haar.«

Solches erkennend, tat der Erhabene zu dieser Zeit den Ausruf:

»Haftend an lieblicher Gestalten Reiz
Götterscharen, dazu der Menschen viele:
In Trauer, in Jammer verfallen sie,
Kommen in die Gewalt des Todesfürsten.

Doch die sich bei Tage und bei Nacht
Unentwegt abwenden von lieblicher Erscheinung:

Der Trauer Wurzel graben sie aus.
Schwer ist's, des Todes Lockung zu entrinnen.«
Große Reden, S. 195 f.

Wie den Früchten, den vollreifen,
In Morgenfrühe droht der Fall,
Also droht immerdar allem,
Was da geboren ist, der Tod.

Was der Töpfer voll Kunst herstellt,
Die Gefäße aus Ton gemacht,
Sie müssen allzumal brechen.
Dem ist das Menschenleben gleich.

Wer jung ist und wer hoch aufwuchs,
Kluge und Törichte zumal,
Ihrer aller der Tod Herr wird;
Ihr Ziel und Ende ist der Tod.

Wenn alle so der Tod hinrafft,
Wenn sie hingehn in jene Welt,
Kann nicht Vater den Sohn schützen,
Verwandte den Verwandten nicht.

Vor den Augen der Blutsfreunde,
Bei ihrer bittern Klage Schall
Schleppt der Tod wie ein Stück Schlachtvieh
Den einen nach dem andern fort.

Also des Todes Macht heimsucht,
Des Alters Macht die ganze Welt.
Darum die Weisen nicht klagen,
Denn sie kennen den Lauf der Welt.
Große Reden, S. 204 f.

Mag hundert Jahre auch leben
Und länger noch ein Menschenkind.
Scheiden muss aus der Welt jeder,
Muss verlassen der Seinen Schar.

Des Heil'gen Wort man drum höre
Und hemme seiner Klage Lauf.
Von den Entschlafnen man denke:
Sie sind und bleiben uns entrückt.

Wie Wasserfluten auslöschen
Das Feuer, das ein Haus verzehrt,

So soll der Weise, Vielkund'ge,
Der kluge, der erfahrne Mann
Den Schmerz, der sich erhebt, bänd'gen.
Wie Baumwollflocken Wind verweht.

Alles Jammern und Wehklagen,
Allen Trübsinn, der in ihm wohnt,
Solchen Pfeil soll sich ausreißen,
Wer Freud' und Seligkeit begehrt.

Dann ist der Pfeil entfernt. Freiheit
Und Frieden dann ist eingekehrt.
Jeglichen Schmerz besiegt hat er,
Frei von Schmerzen, zur Ruh gelangt.
Große Reden, S. 205 f.

Blumen sammelt der Mensch. Sorglos
Wendet sein Herz der Lust sich zu.
Wie schlafend Dorf nächtliche Flut,
Reißt ihn jählings der Tod hinweg.

Blumen sammelt der Mensch. Sorglos
Wendet sein Herz der Lust sich zu.

Den kein Genießen je sättigt,
Erfasst des Allvernichters Hand.

Große Reden, S. 206 f.

Den Leib erkenne als dem Schaume gleich,
Betracht' ihn wie Fata Morganas Trug.
Zerbrechend des Versuchers Blumenpfeile
Geh hin, wo König Tod dich nicht erschau'n mag.

Große Reden, S. 269

Wie Wasserblasen man anschaut
Oder spiegelndes Bild der Luft:
Wer also auf die Welt hinblickt,
Nicht erschaut ihn der Todesfürst.

Große Reden, S. 277 f.

Nur als Leerheit die Welt ansieh,
Mogharaja, sei wachsam stets.
Den Glauben an ein Selbst töte:
So überwindest du den Tod.
Wer also auf die Welt hinblickt,
Nicht erschaut ihn der Todesfürst.

Große Reden, S. 281

Der Älteste Manava

Als ich den Greis erblickt, des Kranken Leiden sah,
Als ich den Toten sah, der schied aus diesem Sein,
Da ließ ich von der Welt, zog heimatlos hinaus,
Stieß von mir alle Lust, die einst mein Herz erfreut.

Große Reden, S. 342

Der Älteste Samkicca

Nicht mit Freuden den Tod grüß ich;
Freudig grüß ich das Leben nicht.
Still erwart' ich der Zeit Kommen,
Wie seinen Lohn erharrt der Knecht.

Nicht mit Freuden den Tod grüß ich;
Freudig grüß ich das Leben nicht.
Still erwart' ich der Zeit Kommen
In Bewusstsein und Wachsamkeit.

Große Reden, S. 343

WAHRHEIT UND ERKENNTNIS

Da waren nun viele Mönche, die kleideten sich am Morgen an, nahmen Almosenschale und Gewand und gingen nach Savatthi hinein, Almosen zu sammeln. Als sie in Savatthi den Almosengang vollbracht hatten, nach dem Mahl, vom Almosengang zurückgekehrt, gingen sie zu dem Erhabenen, brachten ihm ehrfurchtsvollen Gruß und setzten sich zur Seite nieder.

Zur Seite sitzend, sprachen die Mönche zum Erhabenen also: »Da weilen, Herr, viele Asketen, Brahmanen, Wandermönche verschiedener Sekten zu Savatthi, verschieden voneinander in dem, was sie glauben ... wie oben, bis dies ist nicht die Wahrheit; nein dies ist die Wahrheit!«

»Die Wandermönche von den andern Sekten, ihr Mönche, sind blind und haben keine Augen. Sie wissen nicht, was wirklich und was unwirklich ist. Sie wissen nicht, was wahre Lehre und falsche Lehre ist. Nicht wissend, was wirklich und was unwirklich, was wahre Lehre und falsche Lehre ist, leben sie in Hader, Zank und Streit ... Es war einmal, ihr Mönche, eben hier in Savatthi ein König. Der sprach zu einem seiner Leute: ›Geh hin, mein lieber Mann, und lass alle Blindgeborenen von Savatthi an einem Ort zusammenkommen!‹ ›Ja, Herr‹ – so nahm, ihr Mönche, jener Mann den Befehl des Königs entgegen, holte alle Blindgeborenen von Savatthi zusammen, ging zum König und sprach zu ihm: ›Herr, alle Blindgeborenen von Savatthi sind an einem Orte versammelt!‹ ›So zeige, sage ich dir, den Blindgeborenen einen Elefanten.‹ ›Ja, Herr‹ – so nahm der Mann den Befehl des Königs entgegen und zeigte den Blindgeborenen einen Elefanten: ›So ist ein Elefant, ihr Blindgeborenen!‹ Den einen Blindgeborenen zeigte er des Elefanten Kopf: ›So ist ein Elefant, ihr Blindgeborenen!‹ Den andern Blindgeborenen zeigte er des Elefanten Ohr ... Zahn ... Rüssel ... Rumpf ... Fuß ... Rücken (Hinterteil?) ... Schwanz ... Schweifhaar: ›So ist ein Elefant, ihr Blindgeborenen!‹ Als so der Mann, ihr Mönche, den Blindgeborenen den Elefanten gezeigt hatte, ging er zum König und sprach zu ihm: ›Herr, die Blindgeborenen haben den Elefanten gesehen. Tue, was du jetzt an der Zeit hältst.‹ Da ging der König, ihr Mönche, zu den Blindgeborenen hin und sprach zu ihnen: ›Habt ihr den Elefanten gesehen, ihr Blindgeborenen?‹ ›Ja, Herr, wir haben den Elefanten gesehen!‹ ›So sagt mir, ihr Blindgeborenen: Wem gleicht nun der Elefant?‹ Die Blindgeborenen, ihr Mönche, die den Kopf des Elefanten gesehen hatten, antworteten: ›Der Elefant, Herr, ist wie ein Topf.‹ Die Blindgeborenen, die das Ohr des Elefanten gesehen hatten, antworteten: ›Der Elefant, Herr, ist wie eine Kornschwinge.‹

Die Blindgeborenen, die den Zahn des Elefanten gesehen hatten, antworteten … ›wie eine Pflugschar.‹ Die Blindgeborenen, die den Rüssel des Elefanten gesehen hatten, antworteten: ›wie eine Pflugdeichsel.‹ Die Blindgeborenen, die den Rumpf des Elefanten gesehen hatten, antworteten: … ›wie ein Speicher.‹ Die Blindgeborenen, die den Fuß des Elefanten gesehen hatten, antworteten: … ›wie eine Säule.‹ Die Blindgeborenen, die den Rücken (Hinterteil?) des Elefanten gesehen hatten, antworteten: … ›wie ein Mörserkolben.‹ Die Blindgeborenen, die die Schweifhaare des Elefanten gesehen hatten, antworteten: … ›wie ein Besen.‹ ›So ist der Elefant; nein, so ist er nicht! So ist der Elefant nicht; nein so!‹: Und sie schlugen mit ihren Fäusten aufeinander los. Der König aber, ihr Mönche, hatte daran seine Freude.

So sind auch, ihr Mönche, die Wandermönche von den andern Sekten blind und haben keine Augen wie oben.« Solches erkennend, tat der Erhabene zu der Zeit den Ausruf:

»Seht, das ist es, woran kleben
Asketen und Brahmanen viel.
Mit gehässigem Wort streiten
Leute, die nur ein Bruchstück schaun.«
            Große Reden, S. 140 ff.

Wie wenn, ihr Mönche, ein Zauberkünstler oder eines Zauberkünstlers Gehilfe an einer Hauptstraße einen Zaubertrug erscheinen ließe; den sähe ein Mann mit scharfem Auge an, dachte darüber nach und prüfte ihn gründlich – und wenn er ihn ansieht, nachdenkt und ihn gründlich prüft, erscheint er ihm leer und nichtig und ohne Kern: Denn was für einen Kern, ihr Mönche, hätte wohl Zaubertrug? – Ebenso, ihr Mönche, steht es mit allem Erkennen, das es nur immer geben mag, vergangenem, künftigem, gegenwärtigem, in uns oder außerhalb, stark oder zart, gering oder hoch, in Ferne oder Nähe: Das sieht der Mönch an, denkt darüber nach und prüft es gründlich. Und wenn er es ansieht, nachdenkt und es gründlich prüft, erscheint es ihm leer und nichtig und ohne Kern: Denn was für einen Kern, ihr Mönche, hätte wohl das Erkennen?«

Große Reden, S. 183 f.

Ich streite nicht mit der Welt, ihr Mönche. Sondern die Welt streitet mit mir. Wer die Wahrheit verkündet, ihr Mönche, streitet mit niemandem in der Welt.

Große Reden, S. 192

Wenn man auch viel verständ'ge Worte redet
Und leichten Sinnes nicht danach mag handeln,
Dem Hirten gleich, der andrer Herden zählet,
Hat man nicht teil am Leben heil'ger Weisheit.
Wenn man auch wenig kluge Worte redet,
Doch folgt in seinem Tun der Lehr' und Richtschnur,
Begier und Hass verlassend und Verblendung,
Voll rechten Wissens, mit erlöstem Sinne,
Nicht haftend an dem Hier und an dem Drüben:
Dann hat man teil am Leben heil'ger Weisheit.

Große Reden, S. 268

Mag hundert Jahre man leben
Und nicht die ew'ge Stätte schau'n:
Besser ist's einen Tag leben,
Wenn man die ew'ge Stätte schaut.

Mag hundert Jahre man leben
Und nicht die höchste Wahrheit schau'n:
Besser ist's einen Tag leben,
Wenn man die höchste Wahrheit schaut.

Große Reden, S. 277

Geburt und Grab im Wandelsein
Wer immer wieder kreist hindurch,
Durch dieses Dasein, Dasein dort:
Unwissen lässt ihn wandern so.

Unwissen heißt die tiefe Nacht,
Darin man hier so lange kreist:
Erworben wer da Wissen hat,
Geht nimmer neuen Werdegang.

Pfeiler, S. 101 f.

LIEBE UND FRIEDFERTIGKEIT

Wer Freundschaft walten lässt wachsam
Durch grenzenlose Fernen hin,
Ihm lockert sich der Schuld Fessel,
Der Erdenreste End' er schaut.

Wer auch nur eines Wesens hassentledigt
In Freundschaft denkt, hat recht und klug gehandelt.
Wen Mitgefühl erfüllt mit allen Wesen,
Hat guten Werkes reichen Lohn erworben ...

Wer nicht mordet, nicht lässt morden,
Nicht bedrückt noch bedrücken lässt
Gegen jedes Geschöpf freundlich:
Aller Feindschaft er ledig wird.«
Große Reden, S. 261

Wie den eignen Sohn die Mutter
Schützt selbst mit dem eignen Leben,
So für alle Wesen pfleg' er
In sich grenzenloses Fühlen.

Freundschaft, die durch alle Welt reicht,
Grenzenloses Fühlen pfleg' er,
Aufwärts, abwärts, in die Quere,
Unbegrenzt, ohn' Hass und Feindschaft.

Wie man dem einz'gen Sohn liebreich
Nur Gutes tut zu jeder Frist,
Soll jedwedem Geschöpf Gutes
Allzeit man tun an jedem Ort.
Große Reden, S. 262

Jegliche böse Tat meiden,
Sich hinwenden zur rechten Tat,
Zur Reinheit seinen Sinn läutern:
Aller Buddhas Gebot ist dies.
Große Reden, S. 390

Geschlagen und geschmäht bitter,
Gepeinigt hat er mich, beraubt«:
Die das in ihrem Sinn hatten,
Finden der Feindschaft Ende nicht.

»Geschlagen und geschmäht bitter,
Gepeinigt hat er mich, beraubt«:
Die darauf nicht den Sinn richten,
Finden der Feindschaft Ende bald.

Denn nicht durch Feindschaft wird Feindschaft
Zu End auf Erden je geführt.
Durch Nichtfeindschaft zur Ruh kommt sie:
Dies ist das ewige Gesetz.
   Große Reden, S. 391

Mit seinem Geist hat er Nord, Süd, Ost, West durch-
 forscht,
Nichts Lieberes hat er gefunden als sein Selbst.
So liebt sein eigen Selbst ein jeder andre auch.
Tu andern drum kein Leid, der du dich selber liebst!«
   Große Reden, S. 380

Kunden muss man aus zu echtem Wohle,
Was man als den Friedenspfad erkennen kann:
Mächtig schreiten grade hin, im Herzen mild,
Unverstörbar sanft im Busen, ohne Stolz.

Heiter leben, wohl zufrieden leicht,
Ungeschäftig, um zu scheiden ledig ab:
Lauter so die Sinne halten, hellgemut,
Keinem lästig still von Haus zu Hause stehn.

Auch geringe Regel übertreten nicht,
Wo da Kenner Rüge sprächen andern aus;
Glücklich soll ein jeder, sicher sein,
Allen Wesen wünsch ich Heil nach ihrer Art.

Was uns irgend an lebendig blickt,
Ob nun zart, ob grob geraten, was es sei,
Groß gegründet ob es mächtig um sich greift
Oder Mitte hält, auch winzig klein besteht:

Sichtbar was geworden, was unsichtbar bleibt,
In der Ferne was auch wandelt, nahebei,
Leben wo da atmet oder atmen will:
Allen Wesen wünsch ich Heil nach ihrer Art.

Keiner soll den andern hintergehn,
Soll um nichts ihn je verachten hier:
Ohne Feindschaft, ohne Hassgefühl,
Übel wünschen wird man nicht dem Nächsten an.

Wie die Mutter ihres Leibes eigne Frucht,
Mit dem Leben schützen mag ihr einzig Kind:
Also mag man alles, was geworden ist,
Unbegrenzbar einbegreifen in der Brust.

Liebe soll durchleuchten so die ganze Welt,
Unbegrenzbar einbegreifen in der Brust:
Oben, unten, mitten quer hindurch
Unermesslich strahlen, ohne Grimm und Groll.

Ob man stehn, ob gehn und ob man sitzen mag,
Niederliegen, treibt man nur die Trägheit aus:
Innig mag den Geist man gründen so,
Heilig darf man hier es heißen, heimgekehrt.

Keine Ansicht irgend mehr empfangen,
Tüchtig taugen, weil der Blick ward abgeklärt:
Wünschen ohne Gier entzogen fern
Geht gewiss nie wieder in den Schoß man ein.
        Pfeiler, S. 86 f.

ANMERKUNGEN ZUR
BENUTZTEN
LITERATUR

Die Zitate im vorliegenden Band entstammen den folgenden Werken:

LAOTSE: *Tao te king. Das Buch des alten Meisters vom Sinn und Leben.* Aus dem Chinesischen übersetzt und erläutert von Richard Wilhelm. Anaconda Verlag, Köln 2010. (abgekürzt mit *Tao te king*)

DSCHUANG DSI: *Das wahre Buch vom südlichen Blütenland.* Aus dem Chinesischen übersetzt und erläutert von Richard Wilhelm. Anaconda Verlag, Köln 2011. (abgekürzt mit *Blütenland*)

KONFUZIUS: *Gespräche (Lun Yü).* Aus dem Chinesischen übersetzt und erläutert von Richard Wilhelm. Anaconda Verlag, Köln 2018. (abgekürzt mit *Gespräche*)

Li Gi. Das Buch der Riten, Sitten und Gebräuche. Aus dem Chinesischen übersetzt und herausgegeben von Richard Wilhelm. Anaconda Verlag, Köln 2007. (abgekürzt mit *Riten*)

BUDDHA: *Die großen Reden.* Ausgewählt und übersetzt von Hermann Oldenberg. Anaconda Verlag, Köln 2015. (abgekürzt mit *Große Reden*)

BUDDHA: *Die Pfeiler der Einsicht. Reden und Gleichnisse.* In der Übertragung von Karl Eugen Neumann. Textauswahl von Isabelle Fuchs. Anaconda Verlag, Köln 2014. (abgekürzt mit *Pfeiler*)